時報出版

致

努力過好
每一天的自己

在四季中自我療癒
——手札日和

郭靜黛 Joyce ／著

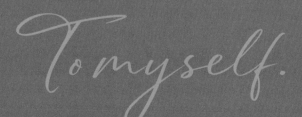

To myself.

歷經與自身憂鬱症、焦慮症從抗爭到和解、從無法自拔到和平共處。
這一切都是同一個意志的起源：
她要好起來，所以開始打開雙臂擁抱生活。

| 自序 |

為命運選擇生活方式

　　即便我的天性是一個低調的人，但因為料理教室的工作使我經常面對公眾，這個公眾是 -- 比如我的臉書是公開的、也必須公開 IG，出版書籍更是一種公開！

　　十幾年前出版第一本書時，要求總編不要讓我上鏡、隱藏一些必要的資訊，當時，這樣的隱藏讓我覺得安心，隨著書籍一本、一本地上市，加上料理教室的營運，藏身於幕後顯得多此一舉，從此展開多面性的人生，面對外界的人生、面對家人的人生、面對朋友的人生、面對自己的人生，我相信，大家也有多面的人生！

　　外界看待我的人生，常常讓我收到讚美，大概都是「你的料理看了好舒服！」，「老師，好喜歡你的廚房！」「謝謝你療癒舒心的文字！」「我好愛看你的花藝作品！」、「看妳上瑜珈課，也讓我熱血沸騰地想加入！」…….這些，都是大家看到的我所謂面對外界的人生！回到自己的

空間、面對內心的壓力與挫折，我覺得那才是我真實的人生。

我們無法選擇出生的家庭、無法選擇人生中的意外、更無法避開挫折與失敗，對我來說，這些都是命運選中我，讓我去面對這些，比如說，年輕時，羨慕別人生命中的圓滿，再過幾年，羨慕許多人的幸福生活，又過幾年，好想有自己的小孩……，漸漸地，我不再羨慕。

這時的我，已經了然命運給我們不由自主的路線途徑，過著這樣的人生，**既然我們無法選擇命運，那麼，就為自己的命運選擇適合自己的生活方式，我想，這是一種突破宿命的方式，是我不願對命運低頭的另一種詮釋，為自己的命運選擇出路，是我想做、也能做到的！**

經歷內在的低谷，我想要很輕鬆地說：「那些都只是現代人必備的疾病。」**但要對抗那些內在低落、恐慌和不知所措，只有經歷過的人才能夠真正共情吧。**這本書就是我梳理自己，也希望與跟我有共同經歷的人，知道有人也理解著你。

隨著四季流轉，時間讓我漸漸明白，命運裡，沒有所謂的巧合，雖然命運取決於我們的選擇，但其中一部分，也可以說是命運選擇了我們！你或妳，該為自己的人生選擇哪一種生活方式呢？不論做出什麼決定，都請相信當下的自己、為著當下的時刻，**傾聽自己內心深處的聲音，走出最適合自己的路！**

CHAPTER │ 春 SPRING

CONTENTS

CHAPTER | 夏 SUMMER

CHAPTER | 秋 AUTTAN

CONTENTS

CHAPTER
SPRING
春

我的意念在冬天蟄伏，終……在春天冒出枝芽！
迎來自己最大的轉變！！

冷冽氣溫中被培育的菊花，在農曆年節前熱鬧登場，
誰能想到它們實則於低溫中生長，卻帶著優雅姿態進入春天呢？

你永遠不知道自己的改變是循序漸進隨著內心感覺，
或是默默潛伏後爆發，但一旦開始，你會知道的！

Feb. 08

回首／
我與料理的關係

Good Day Every Day.

　　我是一位「料理家」，然而，這是一條意外之下走出來的路，這一路上，有許多事自然而然、水到渠成，就像晉朝的那位武陵人，「緣溪行，忘路之遠近。忽逢桃花林」我走在料理的路上，「忽然之間」，找到自己的桃花源。

　　成立一間料理教室從來不是我的目標，至少，四十歲之前都不是！我大學畢業時，想延續大學時培養的興趣－花藝！為了成為花藝師，曾經認真地上過課，後來，所有的事都在三十歲憂鬱症時，全部中斷。

　　三十歲之前的我，是一個樂觀又天真的人，天真無邪的程度讓現在的我都覺得瞠目結舌！三十歲是一個轉捩點，我成為悲觀主義者，在生活與工作中，沒有自信態度的我時常否定自己，時光匆匆，四十歲時因為料理部落格被大家認識，進而受邀教料理，為了料理課的更深入與精進，突然之間，擁有了一個很小很小的教室，沒有刻意，卻在不知不覺中，被命運推著往前進！這是一種很奇妙的感覺，所有的這一切，讓我想起聖經中的一句話，「萬事互相效力，叫愛神的人得益處。」（羅馬書 8:28）

　　初寫部落格或甚至書寫之前，在母親也是一位料理高手的背景下，我一直以為大家都像我跟媽媽一樣地做料理，寫部落格一段時間之後，開始造訪其他部落格、看別人的文章，才慢慢了解，原來我的料理方式不一般，我沿襲母親的味覺記憶、每天研讀的原文食譜，盡我所能追求料理的美味。

　　初期大部分的飲食知識源於閱讀，或者飲食紀錄片。早在寫部落格之前，就已經默默地大量吸收與實作，追求美味料理的巔峰。

　　2009 年，我應邀到「圓頂市集」餐廳，每個週六下午開設一堂料理課，回想當時，若跟現在的料理教室相比，真的很簡陋啊！那時候的我，為了料理課的順暢與掌握度，每一次都背著鑄鐵鍋、各種工具，騎著小摩托車到餐廳。

　　就這樣克難地教了一年的料理課，在後半年時，經常為了料理課中各種無法預測的差錯苦惱著，有一天晚上，我思考著如何避免各種小狀況時，腦筋靈光一閃，為什麼不能自己控制小狀況呢？我應該把主權放在自己的手上，自己掌控各種因素啊！

　　精神一振，先打電話給房東，我想重新裝修房子，變成料理教室，房東一聽便回我：「早就想幫忙你了，終於等到你開口了！」接著打電話給母親，她雖然不太同意，但是因為我說上班族的工作還是會繼續，所以她也就答應了。

　　2010 年，我的小小廚房開始裝修，這是一個只有六、七坪大的空間，我盡其可能地做到盡善盡美。每個星期五一下班，便開始我瘋狂的行程，步行於各個採購點，到處採買食材，常常提到手幾乎抽筋，雖然如此「勞其筋骨」，但我孜孜不倦、勤勉地教授料理課。星期一至四下班之後，我又開始奔跑，在永春市場七點收攤之前，採買食材、做料理、拍照、紀錄，每個星期固定寫三篇料理文章或試做料理課的準備，同時間又有出版社來找我，準備出第一本書，所以每一週可以補眠的星期日變成寫書的日子！

　　所有的一切，都是積累而來的！因為我先做了什麼、於是來了另外一個；一個接著一個，變成今天的模樣。

　　出版第三本書時，我的責任編輯在我的資歷中加入「料理家」三個字，

我才意識到，原來，「我成為一個料理家了！」

在日本，有著許多料理研究家或料理家，我到東京藍帶進修甜點時，認識了料理家智子老師，一天，我問她，料理研究家跟料理家的不同之處，智子老師回答我，她知道的料理研究家，雖然對食材、烹飪法、甚至料理工具與餐具都極有研究，卻是常常不下廚，比較像是評論或是做研究的人，她認為自己是一位「料理家」，是每個環節都深入與真正實際操作、是「真正做料理」的人！

我是一位「料理家」，也是「料理研究家」！一個在廚房研究料理、做料理的女子，把我對料理的熱情傳送給學生們，兢兢業業的態度猶如你對待你所重視的人事物一樣，既平凡也不平凡，平凡如同千千萬萬的人一般、不平凡於我們對所愛的人事物的付出與珍重之情。

「料理」對我來說，始於追求，這份追求，沒有結束的一天；它將刻入骨髓於我的內在、牢牢地附加在我的 DNA 之中。歲歲年年，每一天的每一餐，都可能是我的料理工作、也可能成為學生們的「家的味道」，亦或是在某個角落化為某人的療癒食物。

每次自我介紹職業時，大家一聽到「料理家」都會驚訝一下，好像你在生活中遇到一個「生物學家」、「物裡學家」那般稍微嘖嘖稱奇，總會發問「哇！聽起來很棒，妳都做哪些工作？」有時候，為了節省再度解釋，

就乾脆說我是料理老師,在日本居遊時,倒真不用解釋,日本有許多料理家或料理研究家;料理家的生活其實平凡,如同你我!我跟大家一樣過著平凡的生活,平凡人該有的煩惱我也有,每一個家庭可能發生的,我的家庭也會發生!我們都會面臨生老病死,所以,這也是我的功課!

2022 年的春天,是我人生另一個重新開始的起點!

料理家職涯最高難度的減重,始於 2022 年春。

投入二十年未碰的花藝,2022 春。

大提琴改練明亮的曲子,2022 春。

內觀、調整自己的內在,2022 春。

在料理教室的花藝課，是偶爾出現的課程！

Feb. 18

我聽到了什麼 ／最愛妳

Good Day Every Day.

　　病到很重的時候，身體是什麼感覺？我只曾經在手術後晃然間感受過很短的片刻，所謂很短的片刻是對應一生的年歲，但那很短的片刻，疼痛讓我度秒如年！

　　病到很重的時候，連抬手的力氣都沒有、甚至光是想把眼睛睜開，都需要花費很多的精力，這樣的感受，大概只有同樣病得很重的人才能體會吧！

　　母親病重時，我很少隨侍在側，當有機會照顧她時，我只能用自己曾經病重的身體感受，同理感受她的需求。

　　那一天，清晨的曙光才剛展露，父親便出門準備早餐去了，房間只剩我和她。她才睡下一、兩個小時，我試著調整她的睡姿，想將她正躺的姿勢改成側躺，因為久躺的部位開始出現褥瘡的前症狀，護理師囑咐過，要常常翻身；病重的人是沒有力氣翻身的！我勉力拉她的肩膀與上臂、另一隻手放在她背後，想讓她側躺，但是沒力氣的人，很快會從側躺再變回正躺。頭兩次，我用各種枕頭擋在她背後，讓她維持側躺，但只能維持幾分鐘，後來，再一次幫她調回側姿時，我索性側躺在她身後，像戀愛中的人那樣，外側的手抱著她，讓她靠在我身上。

　　病床不大，兩個側躺的人所使用的空間，剛好可以讓她維持側躺的姿勢，我就這樣半抱著她，躺在病床上休息，天慢慢地亮了，陽光灑進房間，她慢慢地睜開眼睛，於是我把床頭升高，她略轉頭，看著我，突然，像花朵一樣綻放，笑了！我怔住，已經忘了，有多久的時間，她早就沒有表情，像所有重病的人一樣！

　　母親的笑維持好久，然後，用從來沒有看過的慈祥笑臉，對我說，「所有的人，我最愛妳！」，說完，一直微笑看著我，我怔住，那時，她已經渾渾噩噩、無法說太多話、沒有表情地躺了超過一個月！當母女五十年，傳統的母女模式，是不談情說愛的，連擁抱都沒有過！

　　許是太震驚，從驚嚇中恢復過來時，我問她：「妳知道我是誰嗎？」她有點嘟嘴，說：「知道啦！」然後，她又變回一個沒有表情、病重的人

的樣子。

　　這麼多日子以來，我常想起這一幕，如果我也說愛呢？如果那時跟她聊聊體己話呢？如果……、如果……，好多的如果在我的思緒中，慢慢地打結再打結；我沒辦法告訴家人，那一個早上的事，不知道媽媽的愛要怎麼分給所有愛她的人，怎麼分才公平？

　　她走了之後，很長一段時間，我疑惑、迷惘，她真的是對我說「最愛我」嗎？會不會她認錯人了？為什麼最愛我？有什麼理由嗎？沒來由的，我經常墜入這樣的迴圈中，想問卻沒有人可以問，真正可以問的人已經走了。就算她真的還在，面對她，也許問不出來吧？如果最愛我，為什麼當下的我感受這麼阻塞？深夜面對這些無解的問題，常無法入眠。

　　我與母親的相處模式，從來都是被她從頭唸到尾，印象中，我沒聽過母親的肯定或稱讚。現在想起來，她也許只是希望她的孩子能克服自身的缺點，成為更好的人。但身為女兒，我卻始終無法從她口中得到我想要的肯定，而一直自卑著。

　　有一次，她到台北參加我的新書發表會，發表會中聽到別人稱讚我時，只能從她柔和的表情與笑容看出，她對我的作品感到欣喜！

　　有一年我到日本長野縣的智子老師家上私人課程，長野當地報紙來採

訪我，以日本人的觀點採訪台灣料理家對日本料理的想法，我打電話給媽媽，說日本地方報紙有我的報導，她要我多買一份給她，拿回台南給她時，她拿出一個檔案夾收起來， 那時，我才知道，雖然她從未說出稱讚的話，但原來她一直注意著，只要知道有關於我的媒體報導，都會特別去買，收集起來，她一直默默地收藏著所有關於我的的媒體報導！

母親過世時，實在太亂了，感覺檔案夾隨著她一起消失了。

現在，我偶爾會在心裡埋怨她、笑罵她，「為什麼不讓我早點知道妳最愛我？」但我也謝謝媽媽，在最後的時間，親口告訴我，**好讓我在沒有她的生活中能好好地過下去、努力愛自己，因為我是被愛的！**

Mar. 15

記憶的味覺 ／春天的便當

Good Day Every Day.

　　因為自家就是巧克力、果醬的家庭小工廠，所以母親是一位全職的家庭主婦兼全職的「董事長」！自有印象以來，母親是很勤奮的！

　　雖然工作這麼多，但是每天三餐做飯，媽媽是沒有落下的！甚至，我小學六年的中午便當，她為了讓我們吃熱的新鮮便當，而不是前一晚的菜在學校蒸熱，每一個便當都是媽媽早上買菜，接近中午才開始烹飪，通常都是 11:45~12:00 送到教室，媽媽會跟老師點頭致意，然後把便當袋放在窗台，我們家四個小孩從小學一年級到六年級全部畢業，母親做了十年的現做熱便當！

那時我們都有自己的便當袋！是母親到當時很貴的舶來品店買的日本便當袋，小時候剛拿到日本便當袋時，都好珍惜又開心，在那個年代，這算是小小奢侈品！

需要便當袋的原因是因為媽媽不只準備便當，除了現做的熱便當之外，還會有切好的水果或者一瓶養樂多，如果是飯後水果會另外包好！即便用今天現代的眼光來看四十年前媽媽的便當，現代媽媽可能都很少有人能做到既當職業婦女又抽時間為小孩做現做熱便當、為家人做三餐！

當然，她有很忙碌的時候，所以偶爾我們的便當打開來是鱔魚意麵、碗粿、米糕之類的台南小吃，就是她很忙的情況下，帶著空便當盒去小吃攤買現成的，讓老闆裝進便當盒！吃美味小吃也就算了，媽媽幫我們買小吃也要越級，我從小吃的鱔魚意麵常常是一份正常鱔魚意麵再多加一份鱔魚炒在一起！

看看我，從小就被養刁了胃口與味覺，以至於長大後在台北念書時的第一年，不論到哪兒，我都食不知味。

大學時，還發生一個小故事，當時的男朋友看我對吃的嫌東、嫌西，有一次他刻意安排，帶我到饒河街夜市吃小吃，我還是很不賞臉！這次，他真的生氣了，我們吵起架來！我說我沒辦法真心說好吃，他則是覺得我很難討好！

後來他第一次跟著我去台南時，父母拼命買各種小吃餵養他，他吃到後來居然跟我道歉說：「原來妳一直都吃這麼美味的食物！我錯怪妳了！」當然，台北也有好吃的料理，只是當時的我們，資訊不發達、又是窮學生，不像現在，手機上網找一下，就能列出一大串清單。

捫心自問，如果我成為一位母親，是做不到像媽媽一樣，每天做現成熱便當給小孩，頂多是我心情好才會這樣吧？！然而我沒有當過媽媽，所以實際上會是什麼情況，倒是無法預想！

我做便當時，通常都是以自己是一個料理家的心情來做的，便當的菜色除了美味，對我來說「漂亮」也是非常重要的！秀色可餐才能挑起胃口，不像小時候看到同學的蒸便當，暗暗的色澤、並且飄著蒸便當的難以言喻的獨有氣味！

日式便當不需要加熱，通常都是日本媽媽一大早做的，常備菜可以前一、兩天準備好，早上只需要煮白飯、做一些簡單的主菜或副菜，組合起來就可以了！

習慣吃冷便當的日本人，反而挺簡單的。

賞櫻便當

櫻花豆子飯糰

五色米果炸蝦

檸檬鹽麴青花菜

吻仔魚玉子燒

照燒小雞腿

炒蘆筍

▨ 櫻花豆子飯糰

1. 白米一杯，洗淨後泡水至少半小時。

2. 剝取甜豆莢內的豆子，或者使用冷凍青豆仁， 1/3 杯。
   使用冷凍青豆仁的話，請另外以日式高湯略煮過。

3. 白飯與日式高湯一比一，鹽一小匙放入飯鍋內煮熟。

4. 豆子或青豆仁放入白飯鍋內燜五分鐘。

5. 鹽漬櫻花泡入冷開水中，去除鹽分。

6. 以手將豆子飯搓成圓形後，放上鹽漬櫻花在表面。

▨ 五色米粿炸蝦

1. 白蝦去殼，開背後將沙腸取出。
2. 蝦子沾裹麵粉後，再沾裹蛋液。
3. 將沾裹蛋液的蝦子裹上五色米果。
4. 放入已加熱至約 180 度的熱油中炸一至兩分鐘即可取出。

▨ 檸檬鹽麴青花菜

1. 青花菜分切為小朵。
2. 青花菜川燙後取出瀝乾。
3. 調理碗內放入青花菜與檸檬鹽麴，拌勻即可。

▨ 吻仔魚玉子燒

1. 三至四顆蛋放入調理碗內打散，加入一大匙日式高湯。
2. 蛋液內再加入一小匙糖。（如果所購吻仔魚有鹹度，則不需要加鹽，反之請加入適量的鹽。）
3. 煎玉子燒時，每煎一面則放入適量吻仔魚後，再包捲起來，直至蛋液煎完。

▨ 照燒小雞腿

照燒醬：

酒	2 大匙
砂糖	2 大匙
味醂	2 大匙
濃口醬油	2 大匙
日式高湯	2 大匙
水	50ml

1. 平底鍋內放少許油，加熱後放入小雞腿。
2. 雞腿煎至兩面金黃後，放入照燒醬，燒至上色且入味即可。

▨ 炒蘆筍

1. 蘆筍靠近底部三分之一處以削皮刀削除外皮。
2. 平底鍋少許油燒熱，放入蘆筍炒熟。
3. 加鹽調味即可。

桑葚果醬

小時候的記憶，桑椹樹很重要！！小學時養過好多次蠶寶寶，養蠶寶寶時，摘桑椹葉是大事，那是蠶寶寶的食物，每次養蠶寶寶時，就會到處留意哪兒有桑葚樹，記好位置，每兩天去摘取一次，不知道是誰說的，一定要把葉子洗乾淨，不可以殘留水分，如果有水份，蠶寶寶會生病死掉。

緊緊地記得這些規則，每天最花時間的是擦乾葉子上的水分，餵蠶寶寶時，可以盯著看很久很久，聽著它們吃桑椹葉的細微聲音，彷彿自己也跟著吃得香噴噴的！每過一個階段，就會跟著開心！

對我們來說，桑椹葉是大事，但是對父母來說，摘桑椹也是大事。春末，結了果的桑椹果實從紅轉黑時，爸媽會開始摘桑椹，我們家沒有桑椹樹，多是鄰居、路邊或是山上的，哪兒有就摘哪兒的。

摘完後，父母開始熬製桑椹濃縮汁，其實就只是糖與桑椹，乍看之下，像是現在我們熬的果醬，但是爸媽只是把它們放在一起熬成濃縮汁液，冷凍後，想喝的時候只要兌開水就有桑椹汁可以喝！讓春天的美味延續一整

年，就是這麼簡單！

　　一直到我大學畢業，父母還經常熬製，那幾年回台南時，總是當女兒賊，濃縮桑椹汁也拿回台北過，我也一樣丟在冷凍庫，想喝的時候就做一杯！女兒賊的日子只有幾年，弟妹嫁進來後，父母就不再像往常一樣，每次來台北時或是我們回台南時，大肆準備各種物品，主要是媽媽不想讓弟妹覺得，婆婆只重視女兒、把好東西留給女兒！本來我很享受當女兒賊的日子，後來知道是母親體貼的心情之後，也只好放下女兒賊的福利。

　　這幾年，我買桑椹的地方只有一個，知果堂的冷凍黑鑽桑椹，新鮮桑椹果實極易因為碰撞而腐壞，在傳統市場，只有春末的一兩個星期才會在傳統市場看到。

　　沒有像父母一樣做濃縮果汁，我通常煮成果醬，果醬常是拿來當作甜點的食材之一，當然，果醬搭配司康或是吐司都美味！不過，桑椹果醬用法廣大，或者說，果醬有許多用法，可以搭配成為甜點內餡通常都是好去處，從馬卡龍到甜派，彈性很大有無窮用法。

　　有時候，我會收到大批被當成禮物的水果，吃不完的話，先做成果醬才能延長保存期，好好地運用果醬是應該要學習的料理智慧！

| 食材 |

桑葚果實	800 g
砂糖	350 g
檸檬汁	1 顆
檸檬皮	1 顆

　　不論是哪一種水果，做果醬的砂糖比例通常是水果重量多少、砂糖就使用多少，這樣的果醬，可以長久於常溫中保存，我經常只放水果一半重量的砂糖、或甚至更少，並且喜歡保持果實的形狀，比如草莓果實果醬、葡萄果實果醬等，桑椹的果實煮成果醬時，吃起來還是太硬，所以我會使用均質機，稍微打碎果實，保留小塊狀果實是我喜歡的桑椹果醬，砂糖較少的果醬需要保存於冰箱，如果想跟我一樣做少糖版本的果醬，那麼請記得放於冷藏儲存。

桑葚烤酥塊 Mulberry Crumble Bars

自己做的桑椹果醬實在好吃，剛做完時，剛好朋友來廚房拿物品，一吃上癮，把我還沒裝瓶的果醬掃光！對啊！就是這麼好吃！想到我還有好多冷凍桑椹要做，於是，想起了 Crumble Bars，在歐美國家非常家常的甜點，只要有方型或長方型烤盤，若是還有食物調理機，烤 Crumble Bars 是一塊蛋糕的事！（piece of cake）

Crumble Bars 台灣還少見，暫時先翻譯成烤酥塊吧！因為烤完待冷卻後會切成一小塊一小塊的，而且 Crumble bars 是我很喜歡的口感，香酥口感是我最喜歡的甜點，所以塔、派類、法式沙布列餅乾等都是我的最愛甜點，Crumble bars 是一個消耗果醬非常好用的甜點，或者另一種消耗果醬的方法是甜塔、甜派一類，把果醬鋪在塔或派的底部、再放上適當、喜歡的水果，就是一個好吃的水果派！

我的烤酥塊沒有什麼特別的秘訣，就是家常版本，是大家都很容易上手的食譜，除了食材很容易準備，更讓人稱讚這份甜點的是，不需要任何甜點、烘焙基礎，不需要懂烘焙原理，只要動手，就可以完成這份甜點！

一進花藝教室，碩大的牡丹菊一簇一簇被分開擺好，各色牡丹菊都是莫蘭迪色，暗橘、深紫、奶茶灰，搭配棕紅金線菊，好合時節啊！前天才剛是立春呢！花朵顏色恰如時節！

Apr .21

執線的手
／風箏

Good Day Every Day.

　　我很早就斷開與家的臍帶，十九歲的時候，北上念書，那一次媽媽帶我北上，她跟台北關照生意的經銷商聯絡，所以大老闆載著我與媽媽，將我送到關渡，在她搭上車要離開的那一個剎那，我往前奔向緩緩前進的車子，這是我第一次也是唯一一次顯露出捨不得、離家沒有安全感的樣子，從那以後，我像飛出鳥籠的鳥，到處飛翔、開懷地探索新世界，很少回家、甚至很少打電話回家，開料理教室之後的日子，更少回家了！

　　後面的十年，只要通電話，她總碎念，「全部的人，你最少回來、也不打電話！」其實，我並不習慣跟家人說我的心事或想法，大家說的「話家常」只存在我與比較親近的朋友之間！

　　每個人有自己跟原生家庭的相處模式，關於相處模式，是空間、時間、與交叉錯落的各種事件相疊加的結果，對與錯的界定很模糊，甚至不需要辨別對與錯，因為不論對或錯，家人始終是家人。

　　投入料理工作以來，我習慣於什麼事都自己做，雖然按著自己的想法往前進，也達成夢想中的願望，開了一間料理教室，但我對「金錢」這件事很不上心，常常算錯成本！打電話回家的話，我報喜不報憂，自己的教室、壓力自己扛，有兩、三次母親寄甜點需要的果乾、堅果給我，這是家裡生意的貨品，媽媽對我說：「幸好妳有我這個媽媽！」，料理教室搬家時，事情繁雜開銷多，媽媽又說了：「幸好妳有我這個媽媽！」！買大件物品時，比如大提琴，媽媽也說：「幸好妳有我這個媽媽！」母親還在的時候，幫我買了多張保單，替我規劃好退休之後的財務管理，媽媽當然說：「幸好妳有我這個媽媽！」

　　我的外婆，重男輕女，舅舅什麼都有，長女的話，也多少有，到了媽媽跟之後出生的阿姨們，可以說是隨便養，媽媽跟阿姨們聊天時，大家經常感嘆這件事，覺得被自己的媽媽「放生」，所以，我的媽媽，盡其可能地，當一個付出所有的母親，除了彌補被「放生」的苦，也不讓我們受「放生」的苦。

　　我從小到大，是一個不一樣的小孩，想法跟大家不同，看的書也跟大家不一樣，長大後，我永遠走自己想走的路，很固執！我做的事，她很少

表示支持，常常覺得我「想空想旁」(台語)，剛開料理教室時，她覺得我為什麼不當穩穩當當的上班族？！一直到料理教室搬家擴大，她才終於說話，「地方太小是真的沒辦法做！」

媽媽最後一兩個月的日子中，只要講到「將來」的事，她最擔心的是單身的我，怕我始終一個人、怕我日後沒地方去，當時，我一直覺得母親擔心太多，杞人憂天，因為我早就習慣一個人過日子！有時候甚至樂於一個人的生活，這有什麼好怕的呢？！然而，我沒想到，媽媽果然是媽媽，她其實什麼都知道！

她走了以後，我才體會到媽媽說的「擔心我一個人」，「怕我沒地方去！」我真真正正地體會到一句俗語「父逝路遠，母逝路斷！」原來，媽媽是家的中心！原來真的是「幸好妳有我這個媽媽」！

母親過世後，我本不擔心的每一件大小事漸漸變得擔心，原來，我獨立生活地有滋有味、我的天不怕地不怕，是因為母親一直在我背後，有事情時，我打電話！她看到與我有關的，打電話！即便已經四年了！我依然會忘記，看到什麼相關的，下意識拿起電話，才恍然發現，不能打電話了！我跟心理醫師說，都四年了，我還是忘記，想要打電話！難道要一直這樣下去嗎？醫師微笑，「不需要覺得一定要好起來，關於生死，有的人一輩子都好不了！不需要強求！」

　　你放過風箏嗎？帶著風箏逆風奔跑，讓風箏隨著氣流、頂風而上，大概這時候是放風箏過程中難度較高的，一旦風箏被風帶著往上，那麼，只要注意手中的線就可以了！我看大家放風箏的手勢，偶爾會扯動一下手中的線，控制自己的風箏走向；母親走了以後，我才恍然大悟，原來，我是一支風箏，只是與一般執線者不同，在追求自我的過程中，母親從來不曾扯過手中的線去控制我的方向，而是輕輕拉著，讓我隨風遠颺、自由自在！**我放肆大飛的勇敢原來是因為背後一直有一條幾乎感覺不到的線！**

　　她走了，線頭沒人抓著，我才了然高空中的寒冷是需要背後的溫暖支撐！孤零零的線頭沒有了主人，隨風飄著，風箏才終於落地，了解走在踏實的地上時，腳是需要力氣的！但我也為她開心，執線的手終可放下休息。**風箏回到地上，那麼，我便做一個推動打造風箏的人，如同以前大家給我的幫助，現在就讓我成為別人的助力吧。**

珠蔥肉醬與肉醬拌飯

　　突然在市場看到了珠蔥,「是啊!是春天了啊!」我這麼想!每一年也只有這時候,不是春初,那時候還太冷,要再過些日子就會看到臨時擺攤的攤位在傳統市場出現,不管有沒有餘裕,我通常會買下!

　　珠蔥不似青蔥的辛辣,也沒有大蔥的纖維,它柔軟細緻、味道溫和,所以跟許多食材都好搭配,也能自己挑大樑、擔任主角!買了珠蔥,若不想在廚房花太多心思,那麼炒珠蔥蛋也能快速又簡單地完成,平常不敢吃一般青蔥的人,可以試試珠蔥,比如說下一盤餃子,餃子必備的醬汁,就可以放入珠蔥蔥花,取代一般青蔥,要真的還是不敢生吃珠蔥蔥花,那麼可以先把蔥花放入碗內,煮水餃的熱湯一大瓢直接澆淋於蔥花上,讓辛辣之味因高溫而變得柔和、激發蔥的自然甜味,才開始調入醬油、醋等等。

　　臨時攤位的珠蔥不似青蔥一小把賣的,一盤就是一大把!我細想著,怎麼做最好呢?後來決定跟著絞肉做成珠蔥肉醬,可以拌麵、也可以拌飯、包入白飯捏成三角飯糰或者燙了青菜一起拌著吃!甚至,一層肉醬、一層米飯、一層白醬做成焗烤飯!光想像就流口水了!

　　不上課的日子，可以隨自己心意、利用剩餘或新購的食材，做自己想吃的，其實這種時刻不很多，大部分料理時間，我都為了料理課試各種食材、或調味的重組，這次的珠蔥，倒真隨了自己的口舌脾胃！

| 材料 + 調味 |

珠蔥	150g	日本味醂	25ml
豬絞肉	180g	日本淡口醬油	15ml
醃漬蕗蕎頭	30g	日本一番搾黑芝麻油	少許
蒜末	2 瓣	白芝麻碎粒	少許
日本料理酒	1 大匙		

| 步驟 |

1. 珠蔥分切為蔥白蔥花、蔥綠蔥花。
2. 蕗蕎頭與蒜頭切末。
3. 炒鍋內放入一大匙油，加熱後先放入豬絞肉略炒。
4. 加入蔥白蔥花、蕗蕎頭末與蒜末，一起翻炒。
5. 加入約 2/3 蔥綠蔥花。
6. 酒、味醂、醬油放入翻炒。
7. 起鍋前加入剩下蔥綠蔥花、黑芝麻油與白芝麻碎粒，拌勻即可。

　　做好的珠蔥肉醬可以當作常備菜，保存約三～四天。做肉醬拌飯時，先將熱白飯放入碗內，上面放一層生菜粗絲，再添入肉醬，肉醬中放一顆生蛋黃，拌勻即可食用。

棒棒雞

　　我是一個喜歡吃肉與海鮮的人，我的購買範圍內，永春市場是我平日主要的購買地點，市場內有一個雞肉攤商，所賣的雞肉都是台東的土雞或仿土雞，二十年來，我幾乎只在這裡買雞肉，雞肉最重要的是不可有腥味，有一次貪方便，叫了超市外賣的生鮮雞肉，那腥味其實是一般肉會有的味

道，但對我來說是「臭味」，習慣吃同一攤商雞肉的我來說，這一份腥味重的雞肉實在無法下口，想要自己的料理美味度提升的話，一定要學會辨別食材的好壞，食材好了、調味對了，就算廚藝差，做出來的料理也不會太差，廚藝差的人就會更有信心，因為有信心便會愈煮愈有心得與想法，是一種慢慢來、在輕鬆的心情下增進廚藝的小撇步！

我的棒棒雞同樣一模一樣的食材，在調味上可以分成兩種料理，一種是純粹中式味道（使用芝麻醬），另一種則是我自己常做的中日調和風味，想要吃哪一種味道，端賴你的心情而決定！

| 材料 + 調味 |

中日調和風味

		調味料	
雞腿肉	一支	磨碎芝麻粒	2 大匙
小黃瓜	2 條	辣油	1 大匙
蒜末	2 大匙	淡口醬油	1 大匙
鹽	1 大匙	味醂	1 大匙
糖	1 大匙	千鳥醋	適量

| 步驟 |

1. 小黃瓜切絲後放入鹽糖，抓醃去菁，約 10 分鐘後沖洗乾淨，擠乾水分。

2. 雞腿肉以「清燙雞肉與蔬菜 佐 柚子醋醬」156 頁 做法，將雞腿煮熟，雞肉拆解，以手撕成肉絲狀。

3. 將冷油倒入一小鍋中，放入蒜末後開始加熱，蒜末呈淡黃色後熄火，撈出放在廚房紙巾上吸油，再轉移到小碟中，此為炸蒜酥。

4. 調味料全部放入小碗中拌勻。

5. 小黃瓜、雞肉呈盤放好，在上面灑入蒜酥，食用前加入調味料拌勻即可。

CHAPTER SUMMER
夏

夏天的荷是清新的！與在台灣海岸生長的濱刺麥的
組合莫名地合拍、表現超脫刻板印象！

這一天我不像平常用腦子思考畫面，
而是憑直覺插花，半小時就完成了作品，
老師跟同學都說，跟平常你的風格不一樣！我懂！
「直覺」會帶領人跳脫自己的經驗與想像！

就像今年的夏天，我使用「直覺」過日子！

鳳梨水

這幾年，每年夏初，我會買至少一箱有機春蜜鳳梨，一定只能選有機種植，因為我心中所想要的除了春蜜鳳梨本身，另外著緊的是「鳳梨水」！

在接觸有機春蜜鳳梨之前，我至少有四十年不吃鳳梨吧！小時候的台南，街上有一些水果店，就像現在許多人到台南的莉莉水果店吃水果一樣，這是屬於台南的日常。

有一次到外婆家時，小朋友們玩鬧夠了也累了，大家跑到外婆家對面的水果店，各自點水果或果汁，那天我點了鳳梨。那年代的鳳梨不像現在品種改良，吃鳳梨很刮舌頭的，年輕人可能不懂為什麼吃個鳳梨，舌頭非常痛，這是鳳梨的酵素本身所產生的，可能那天老闆或老闆娘不在，沒有把鳳梨先泡鹽水，我吃得滿嘴痛！但小時候不懂，為了怕刮嘴，就完全不再吃鳳梨了！

一直到後來，漸漸地了解飲食，才知道箇中原理，也剛好認識了哲緯，他全台灣跑透透，尋找台灣所有高品質的水果小農，我信任他的眼光，所

以每一年，春蜜上市時，我便開始訂鳳梨！

春蜜鳳梨是俗稱的「二咚仔」鳳梨，二咚仔果粒容易傾倒，農夫需要多費心思照顧，又二咚仔果粒也小，秤重賣的話不如其它鳳梨，所以台灣種植春蜜的人很少，春蜜鳳梨的產量小、產季也不如其它品種長，想吃春蜜的話，大概只有春末，不過其它季節，台灣還是有很多各種品種的鳳梨！

若是跟我一樣，不只吃鳳梨果肉，想要喝鳳梨水的話，請一定確定你買的鳳梨是有機的或者確認無農藥殘留。

因為要做鳳梨水，所以我削鳳梨皮時，會削得較厚，另外，我的腸胃因為開刀後遺症，所以消化系統很弱，不能吃粗食雜糧，所以非常脆口好吃、但纖維較多的春蜜鳳梨芯，也拿來煮鳳梨水！

春蜜鳳梨本身甜度很高，所以我通常不加糖地煮鳳梨水，真的需要一些甜味時，則加入蜂蜜，如果要保留蜂蜜內完整的酵素，需在溫度低於六十度以下加入蜂蜜。

一次只切一顆鳳梨，鳳梨皮與芯不足夠多來煮鳳梨水，我會先把皮與芯先保存在冷凍庫，下次再切鳳梨時，有足夠的份量時，才會一次性地煮鳳梨水。

為了要好好逼出鳳梨的精華與香氣，每一次煮鳳梨水時，我使用的是低壓鍋，一般的壓力鍋通常是高壓力鍋，需要洩氣後才能安全地開蓋。高壓鍋煮的時間很短，若時間長一點，容易把鳳梨皮煮爛，沒有低壓鍋也可以使用鑄鐵鍋，鑄鐵鍋完全密封燉煮時，內部的高溫壓力環境相當於低壓鍋，只是需要大鍋、不超過一半的高度、並且在旁邊照顧，才不容易噗出鍋！

| 材料 + 調味 |

鳳梨皮	兩顆
鳳梨芯	兩份
水	2 L
蜂蜜	適量

| 步驟 |

1. 將所有食材放入低壓鍋，滾後轉小火煮約一小時。
2. 煮完後，溫度降至六十度以下加入適量蜂蜜。

Jun.11

留不住這盛夏
／別離

Good Day Every Day.

夏天了！這是我最不愛動的季節，天氣一年比一年熱！

回想每一年的夏天都做了哪些事？印象深刻的是某年六月的初夏，本應夏風習習的季節，卻遇到歐洲熱浪，像溽暑的熱氣直撲而來，走在沒有騎廊的巴黎街頭，唯一想做的是躲到有空調的咖啡廳，再美的景色都無法抵禦冷氣機的涼風！今年之前的夏季，我只有這件「屬於夏天」的記事錄。

今年開始，我的夏天卻多了一份意想不到的記憶！

二十年來在我身邊的妞妞，突然無法再陪伴我了！一整個月，面對書

本的初稿，常常發呆，看著妞妞的照片、再看看書稿，兩相往返、沈浸在回憶中，要怎麼述說我跟她的感情呢？

其實，一直覺得沒人懂的！她不是寵物，她是我的心安定之處，誰能想像情感的歸依與療癒是一隻貓呢？！這種互相依賴之深，有少數人懂的！我與一、兩個學生在那一個月的時期，分享著這種深刻的感情，她們告訴我：「我懂！我懂這是什麼情感！」

這是什麼情感？寫著日記，突然發現自己是否懂得詞彙太少？怎麼覺得要寫出來很難！但是，我還是寫了，我是惆悵的，覺得寫出來能整理好自己似痛且哀、愈捨難斷的種種感受！

我要記錄下妞妞跟我，一起經歷了一場靈魂之旅！用生命寫下的旅程！

Jun.21

多謝此生相陪
／夏至的冷

Good Day Every Day.

「妞妞，今天是夏至喔！是我們最後一天到動物醫院吊點滴喔！妳看，妳從來不外出，夏至的景色是這樣喔，外面很熱吧？！妳看！道路兩旁都是樹耶！我們再忍耐今天一天就好了！」我一邊騎腳踏車一邊跟背包內的妞妞說話！這天是診斷出腎衰竭的第五天，我們倆一直為彼此加油打氣！

「有緣分我才會幫忙溝通！」在動物醫院時，我碰到一位女士這樣跟我說，只因她開口問我：「妳的貓幾歲了？」，「二十或二十一歲！」我答：「我們在一起十九年半了！」女士揚起了因為驚訝的眉毛，她和藹善目，讓我忍不住微笑，她說，妳們這種緣分很少很少啊！我心底想著，終於有

人知道這是一種什麼樣的緣分嗎？！

什麼緣分？不是寵物跟主人的關係，也不是貓咪與貓奴的關係，**我們是彼此緊緊依靠的伴侶，我們更像是連結在一起的生命共同體**，妞妞之於我，是非常深入內心的那一塊！因為我們只擁有彼此！

我與妞妞的相處很簡單，只要不會受傷或危及生命的動作、事情等，我都讓她可以過自己想要的生活，但是，她也確實乖巧，沒有發生過破壞行為，為了貓爪的摩擦，毀壞過沙發，可我不在意，這是她的本能反應而已，為什麼要因為這樣罵她、或扼殺她的本能呢？！相依為命近二十年，也只有沙發遭殃，再無其它！

女士還沒問妞妞問題，只是跟她對視，那一瞬間，妞妞就說：「我跟她感情很好、連結很深，無法用文字來表達有多好、有多深，我說了別人也不懂，總之我跟她感情很好！很好！！」（自己下結論！）

「哇～這麼好喔！？」溝通的女士點頭回答她。

「我每天睡覺都是睡在她的臂彎中的！」有點驕傲地說。

女士回過頭來看我，「她說她每天都睡在妳這裡！」她做了一個躺在我右邊臂彎中的姿勢，我笑了：「是啊！我們都這樣睡覺！」

診斷後的第二天開始，我每天將近中午時分，把已經沒抵抗力氣的妞妞裝入背包，騎著腳踏車去動物醫院。坐在醫院冷硬的木頭椅上，醫師體

貼地把妞妞的鐵籠放在我旁邊走道，這樣讓走道更窄了！吊點滴一次八小時，想閱讀的書帶了、想工作的筆電也帶了，但是我想做點事的心情蕩然無存。

有時候，征征地看著她，一人一貓，四目相對，安靜地坐在各自的位置，鐵籠生硬冰冷，妞妞從小愛超厚軟墊，我從家裡帶了墊子來，醫師勸我，她會排尿，這樣墊子會濕，我說，沒關係，濕了就馬上換！

妞妞因為腳上的留置針靠近關節，所以她瘸著一隻腳，另一隻腳直挺挺用力頂著，我要她躺下、或坐下休息，她不願意！請溝通的女士跟她說，妞妞回答：「昨天晚上她幾乎沒睡，她也一直都待在動物醫院陪我，她一直在這邊我壓力很大無法休息，如果她現在回去睡覺，那麼我就可以休息！」

這是每一次遇到溝通師時，為了讓我妥協，她會使用的迂迴說話模式，「好吧！那我回家幾個小時，傍晚再來喔！」真的很累了啊！這是第三天，我睡得很少，有時只是閉眼休息，只要聽到她動來動去的聲音或小動作，我會馬上從床上坐起來，看她是不是需要我的幫助！自己回到家，累壞的我也只能閉目躺著，無法安心，再回醫院時，沒想到溝通的女士還在，這次我直接表明，可以幫我問一個問題嗎？

我問：「想要繼續治療或者不想治療回家好好過生活？不論什麼決定，

我都會支持！」

「我想要治療！」妞妞說。

我再問：「可是這樣腳有針、像殘廢跛腳，沒關係嗎？」

「我不覺得這樣是殘廢，只是不方便而已！」妞妞說。

我答應：「好啊！那我們就繼續治療，你想要怎樣我都可以！」

然後，溝通的女士說，這時候妞妞讓她看一個畫面，在一片樹林裡，小徑上，我牽著勾繩，另一端是她，兩個都是背影的畫面。後來，我經常也聯想這個畫面，我心中的畫面季節是深秋，很冷、很冷的深秋！

夏至了！天氣很熱，動物醫院很冷，是冷氣的冷、還有心底懼怕面對事實的冷！

Jun.24

沒有時間好好告別／陪伴

Good Day Every Day.

　　好萊塢影片「I am Legend」是 2007 年上映的電影，「我是傳奇」這部片子中有一段我不太敢看，跟那些恐怖泯滅人性的喪屍無關，而是男主角的狗也被喪屍感染後，在狗發病時，男主角必須殺掉與自己相依為命的狗，他流下眼淚、很難下手；在沒有「人」的紐約市，只剩男主角一個「人」，所以他的狗有多重要啊！！那真的是時時相依，互相倚靠的伴侶！

　　我跟我那美麗的貓咪妞妞，也是時時相依，互相倚靠的伴侶！因為我很少回家，跟家人不是很親密，自己獨自居住在台北市，我的貓，妞妞，就是我的伴侶，電影放映到這一幕時，我鼻酸、也淚流滿面，因為我投射到我與妞妞的關係上，這是完全無法想像要怎樣才做得到的事啊！

　　妞妞十五歲之後，我便開始心理準備著！母親過世前的兩個月，尤其在醫院，近距離觀察病人與家屬之間的親情拉扯，對於想要親人活得更久所做的那些醫療手段，都讓病人非常痛苦。因此在母親過世前，我就學著接受不要因為自己的不捨，而讓媽媽受苦。

　　早早就做好心理建設，面對妞妞老化伴隨而來的病痛，也絕對不讓她受這種苦！即便我們是親密的伴侶，我也不要為了多一些日子的陪伴而讓她被迫接受各種醫療手段。

　　當妞妞的最後日子來到時，就算自以為已做了好幾年的心理準備，在選擇不要給她高壓力的治療時，我還是感到萬分痛苦。**學習「放下」是艱難的一件事！尤其面對生命時！這樣的功課沒有人樂意接受，可卻是我們人生中必須面對的事！**

　　2024 年 6 月，妞妞約二十至二十一歲，診斷為腎衰竭晚期，醫師根據驗血指數，判斷若是不治療而順其自然的話，大約還有兩、三個月的時間；腎衰竭是有過程的，做為跟她一起生活的人，看醫生時已經是晚期，當然是我的不是！

　　即使她十五歲之後，我就開始留意觀察她的飲食，因為她曾為了我要把她放入貓籠，強烈抵抗到把犬齒撞斷，血染紅了她胸前美麗的白毛與我的手。那次之後，除非必要，我不再逼她到醫院檢查，改為觀察她的飲食

跟行為。

六月初，我帶學生到日本上料理課，在日本期間，照顧妞妞的助理告訴我，妞妞吃得很少，我以為跟過往我出國一樣，她是因為思念而吃不下。回台灣後，她依然吃得很少、或甚至不吃；我則是因為抵抗力弱大病一場！

等我病情稍好轉後，因為超過一星期吃得少的她沒有力氣抵抗，很順利地帶她去動物醫院，這個診斷出乎我的意料卻又不意外，因為她當時只有厭食，卻依然保持愛喝水的習慣，她從小就是愛喝水，所以對於貓的最大敵人「腎病」比較不擔心，這次就醫之前最後一次就醫是四年前的 2020年，當時驗血的所有指數都是標準值，醫師大力地稱讚她，高齡貓有這種指數很漂亮！

近幾年，妞妞與我的生活愈發地簡單，我平日不上料理課時，有自己的興趣進修或是運動時間，每天出門一小段時間就馬上回家。疫情期間已經養成宅在家的習慣，加上這幾年，漸漸意識到她的時間不多，所以待在家的時間更長。

寵物溝通時，妞妞說，她明白我這幾年在家時間很長是為了她，雖然我們不一定都黏在同一個空間，但是知道彼此就在隔壁或是做自己的事，心情上很安定，她跟溝通師說：「其實，我是很安靜的貓！」啊！是嗎？！我一直以為妞妞愛說話，因為每天跟她說著今天有什麼事，或者什麼感想，

她總是會喵喵叫著回應，末期的她，緩緩對星亞說著：「我喜歡樹！常常坐在玻璃門邊看外面的樹！我在馬麻身邊時，就像一顆會發光、不會說話的大樹，讓馬麻依靠著我！」

她一直都是貼心的貓，沒有破壞或任性行為，安安靜靜、小家碧玉型的；愛撒嬌、很黏我，我的存在是她最大的安全感！

給她指令時，總是照做，我的指令一直以來都很簡單，通常是「回房間吧！」、「到床上睡覺！」、「把飯吃完！」她需要什麼，只要叫幾聲，我大概心領神會，幫她準備好，她要的也都很簡單，大概是想黏在我身邊卻沒有位置可坐、幫她蓋被子或是想吃飯、喝水等，我們相依為命很久，長達將近二十年，除了我出國期間，**我們總是在一起，一人一貓的生活很安定！**

這一次的離別猝不及防！診斷後到離別，只有兩星期，第一個星期我還沒有意識到之後的發展，她的眼神清亮、精神也不是太差，就是厭食不吃飯，醫師的第一次診斷也說，如果放棄治療的話還有兩三個月。

當時因為腎衰竭的指數太高，當然就讓她治療先吊點滴，希望指數能下降，她一離開我就沒有安全感，更何況是她害怕的動物醫院！醫師表示，留置針最多可以在她體內留四天，於是，四天吊點滴的日子，我每天帶她到醫院，陪她治療，坐在硬梆梆的木頭椅上，拿起書，無心閱讀、開筆電，

無法靜下來工作。只能偶爾刷手機。

　　每天大約七、八個小時，硬生生地坐著！動物醫院的助理說：「妳好像醫院急診室裡面陪孩子的媽媽！」這句話讓我會心一笑，是啊！我的小朋友跟我之間是這樣的關係！但又更超越這種關係，因為我們相依為命！

　　進入第二個星期，她變得虛弱，依然不吃，後來連水也不喝了，我意識到，我跟她都要準備，準備不再有彼此的日子，但是二十年只用一星期來準備，實在太短了！

Jun.17~Jun.30

兩週時間的流動 ／不要再回來

　　診斷後第六天，妞妞可能沒力氣去貓砂屋上廁所、又或者是尿失禁，我在料理課後回家，她身下墊著最愛有我味道的羽絨衣，因為羽絨衣隔水，她泡在自己的尿中，眼淚不禁掉下，幫她快速輕柔地清潔。

　　第二個星期，她明顯地愈發無力，倒數七天，無法使力跳上床，所以坐著尿在床上，使用尿布墊也力有未逮，在我換了三組床套與棉被後，友人建議下幫她買了最小的新生兒尿布，尾巴的部分剪一個小洞，這樣倒真是解決了問題。

　　晚上睡覺時，我定鬧鐘，兩小時起來一次檢查要不要換尿褲。

倒數第四天，妞妞的眼睛雖然睜得晶亮，但眼神經常沒有焦距，我喊她時，會定定地看著我；我已經無法入睡，妞妞似乎也睡不著，夜半時分，不敢熄燈，點著床頭燈和她躺在床上休息，我們四目相對。偶爾我閉眼休息，怎麼努力都無法睡著。

倒數三天，這天早上我有料理課，學生都是非常熟識的多年舊生，於是讓妞妞待在書房或教室，免得我來不及反應，學生中有照顧老年動物的老手，我告訴她，妞妞似乎因為無法使出力氣排便，所以一直痛苦著保持蹲式的動作卻又無動靜，她手腳熟練又快速地幫妞妞排便，看到妞妞終於排便，我把她放在折疊好幾層的軟毛毯中，這是她最愛的躺法，而且因為才剛排便，所以不束縛她穿尿褲。

下課後大家都走了後，碗盤沒收的情況下，快速地去照看她，沒想到她這次尿便一起排出，她就躺在自己的穢物中，我再也忍不住，放聲大哭！我的妞妞是養在好人家長大的孩子，既然是好人家，怎麼會讓她躺在穢物中呢？從這個時刻起，妞妞連走路的力氣都沒了！這一夜，依舊無眠！

倒數兩天，我一大早取消隔天的料理課，助理幫無助的我買來妞妞需要的補給品，這天盡量抱著她，時而坐躺床上、時而換到客廳沙發，像之前每一天一樣，繼續說著話，從第六天開始的每一天，我都跟她說著故事，回憶我們二十年來那些特別的時刻、又或者是我們生活中的一些日常，她

聽得入神又開心！

　　最後一天，我們倆從四天前就了解與準備著，珍惜每一個時刻，這天因為取消料理課而可以陪著她，心情稍微放鬆。早上太陽升起，我終於閉眼睡著，大概一個多小時醒來，發現妞妞看著我，我們兩個躺在床上，望著彼此，我告訴她：「讓馬麻再多睡一兩個小時好嗎？」她睜著大眼彷彿說：「沒問題喔！請馬麻快點休息睡覺！」

　　再睡一兩個小時後，我醒來，抱著她走來走去，或者坐著講話，四天來每兩個小時整理換新一次紙尿褲，到這一天大概四小時整理一次，我已經非常熟練上手，輕輕地幫她清潔被尿浸濕的毛、擦乾淨、暖風吹乾，妞妞因為十天未進食，連最小的紙尿褲這時都只是鬆鬆地套著。我抱著她好幾個小時，偶爾放在沙發上，讓手休息一下。

　　晚上助理來探望她，告訴我要有信心，妞妞的眼睛還是晶亮，助理離開後，我才想起自己已經三天沒吃什麼食物，隨便煮了泡麵，囫圇吞棗，也終於好好地補充了一些水份，精神稍微恢復，我抱起躺在身邊的她，這時，她安詳地在我懷中吐出一大口氣，慢慢地走了！

　　後來，我漸漸地了解，原來妞妞的臨終期撐了長達四天，是因為除了擔心我之外，也一直在選適合的時間出發，看到我終於吃飯、喝水、睡覺，知道我不喜歡被鄰居觀看、議論，所以為我選了一個適合的時間。抱著懷

中的她，輕輕撫摸直到體溫降下，才打電話聯絡禮儀公司。

　　凌晨一點半，我站在無人、無車的巷子中間，在淚眼中目送載她的車走遠，妞妞帶著我的愛出發了，希望她這一生感到幸福，就像她跟動物溝通師星亞所說的第一句話：「我的這一輩子每天都是妳！也只有妳！下輩子沒有妳，我不知道該怎麼辦？」我回答她，不要怕，不要有下輩子，安心地在天堂等馬麻去找妳，這樣就好，知道嗎？這樣就好！不要再投胎重來了！

一生最正確的選擇
／能擁有回憶多美好

Good Day Every Day.

　　妞妞是我在 2006 年 1 月到動物醫院領養的。當時在網站上看著貓咪論壇經常會貼出送養訊息的我，早早就計劃這一刻。那時的男友非常喜歡貓，也曾經養過兩隻貓，我瀏覽著貓咪論壇，想著送給剛買新房的他一隻貓，只因他經常訴說自己有多麼地愛貓！

　　貓咪論壇的認養貓咪通常都是愛心媽媽或善心人士撿到，等著被認養的貓，我看上一隻橘子貓，興沖沖地跑去動物醫院，醫師沒讓我看橘子貓，而是把剛檢查完畢的妞妞放在看診台上，努力地說服我：「沒養過貓的話，適合領養這隻三花，是我行醫十幾年來看過個性最好的野貓！」

醫師說被撿來的野貓通常防禦心極強，不輕易讓人接近，他告訴我妞妞的個性真是太好了！檢查她完全不費心力，沒看過這樣的流浪貓！於是，我的貓莫名其妙地從橘子貓變成三花貓。

「妞妞」這個名字甚至不是我取的，而是義工取的名字，義工也告訴我，既然她已經習慣這個名字，最好不要再改！然後我就帶著一隻不是橘子的三花妞妞回家，當天她就被我送到新房子去了！

可惜那位男士並不是他自己口中所說的「愛貓者」。妞妞到了新家之後，他又陸陸續續領養了六隻貓，妞妞本來的廁所因為太髒，於是大便在坐墊上，妞妞也跟所有的貓保持著距離，她似乎無法融入貓群中。唯有對我，她總是很主動地親近，一見到就會自己靠過來找我。

因為後來貓實在太多，號稱愛貓又節儉的那位男士竟然不買貓砂！每天上班前把所有的貓關入廁所，然後下班回家放貓出來、清掃廁所。很快地，我們分手了！妞妞的領養人名字是我，我認為我該為妞妞負責！而且她跟那群貓不友好，真的不快樂！趁著他睡著的半夜，把妞妞裝到小籠中，帶回到自己的家！後來他警告我，如果我敢虐待妞妞，他一定找我算帳，我心想，虐貓的人是你吧！

回到家的我無法睡著，不要說我從來沒養過貓，連摸貓這種行為在認養妞妞之前都沒發生過！我擔心她隨地大小便，又怕她亂跑，所以一直待

在她身邊，她也乖乖地跟著我坐在沙發上，終於等到寵物店開門，快速出門採買所有貓咪應該要用的東西，所有的一切對我來說好陌生，我一邊問著店員的意見、一邊採購，最後才能採買齊全，至少從那天開始妞妞有自己專用的廁所與乾淨的貓砂了！

妞妞被當作給前男友的禮物送出去時，我就關心著她，在那間新房子內，妞妞常常親近我，因為沒接觸過貓，所以對妞妞的親近很驚喜，分手後帶著她回來，初期的我常想：「會後悔吧！看到她就想到前男友……」，但是很快地，我對妞妞的愛超過了那種彆扭。

後來將近二十年裡的每一天，我都感謝自己當時的決定，「**我是領養人，我要對她負責**」，而事實上我不止做到負責，更遠遠超過自己想像，非常、非常、非常地愛她。

生病的兩個星期，每天都告訴她，我們倆個之間的愛與連結；告訴她，把她帶回來是我這一生中最正確的決定！病中的妞妞，睜著跟往日一樣的漂亮大眼，靜靜地看著我，生病的第二個星期，雖然再也沒聽到她開口回應，但我們彼此都了解自己在對方心中的份量！

謝謝妳，二十個春夏秋冬的陪伴！

Jul.10

老花眼的距離
/朦朧的情話

Good Day Every Day.

　　我也進入了老花眼的年齡了，這一兩年我本來不是特別在意老花眼，這是身體的自然現象，我欣然地接受歲月無情的侵蝕。

　　但是妞妞生病期間，老花眼真是傷腦筋，妞妞沒有體力自己活動了，她任我搬動、讓她側躺著，頭部面對我，我則是也側著身體面對她，一邊說話一邊陪她。

　　話講著講著，想親親她額頭，靠近她想看著她的眼睛，卻模糊一片，唉！我嘆口氣，自己往後退，距離必須遠一點，才能看清楚妞妞的臉，「哎呀～馬麻好想靠近妳，但這樣看不清楚我的寶寶！好可惜啊！你這麼地

美，卻無法看清楚！」一邊往後移，一邊解釋：「妳看！馬麻要離這麼遠才能看妳啊！」

　　這是生病的第二週，妳沒體力活動、甚至沒體力回應，連哼一聲都沒有，比較從前，有問必答、有聲必喵，讓我看得心疼，那隻美麗、乖巧、粘人、愛撒嬌的妞妞，現在什麼都不能做了，雖然依然美麗，氣息如同我的視力，慢慢地、一點一滴溜走。

　　「啊！如果妳是人類，現在是一百歲耶！」我跟她說著話，大家都說妳是童顏喔！從小到現在，身上的毛永遠都保持柔軟滑亮，只要有人看過、摸過她，都稱讚我把妞妞照顧地很好，其實，我是傻傻地養著她的！

　　領養她之後才知道三花很少有漂亮的，但是妞妞一直被稱讚是漂亮的貓，不知道是身為馬麻的把稱讚當成真話、還是妞妞真的是漂亮的三花？在聽了幾年之後，已經不追究這種問題了，在我心裡，她就是最美！我開她玩笑，妳都一百歲了，為什麼眼睛、毛皮還這麼亮麗？！馬麻已經老了啊！都養妳二十年了！

　　妞妞的實際年齡、生日我們一直都不知道，曾經溝通問她小時候的事，想要知道她到底幾歲，但是得到一個直接的回答：「忘了！」當年領養時，她不是小幼貓，醫師只能判斷她也許九個月至一歲半，不知道真正出生日期，就把領養她的一月份當作生日。

　　也幸好妞妞被我領養了，因為養她的第二年，發現她全口牙只剩兩三支門牙與四支犬齒，如果她流浪在外，大概率會被自然淘汰。當時醫師判斷，也許妞妞的媽媽本身也是流浪貓，可能懷孕時營養不良，造成妞妞牙齒部分提早掉牙，而因為牙齒幾乎掉光，所以連帶她的腸胃不好，這件事情無法逆轉，只能盡量挑她喜歡吃的食物，輪番換著！

　　我碎碎念著自己的老花眼，原來，長久的陪伴是這樣的一種感覺，以前我總想像著跟人類伴侶攜手到老的感覺，現在倒不需要想像，妞妞與我二十年的情份不就是一種攜手到老嗎？！**我們陪伴彼此的青春，把自己最好的時光給了對方，我們也不負這一份付出，實實在在一起走完一段生命的旅程。**

Jul.14

是出發！
不是離開！

　　跟我有好關係的學妹是寵物溝通界的名師星亞，診斷為腎衰竭的頭幾天，助理建議我找寵物溝通師，當時的我雖然擔心，卻還是保持著樂觀的態度，因為了解學妹的工作很忙，所以只是留言給她！

　　妞妞從診斷到離世，只有短短兩週，她跟我一樣，第一週前半段，我們都保持著信心，只要指數降下、她有進食，那麼一切都有希望。可惜，妞妞的厭食很嚴重，完全不吃！每天輪換著各種不同的罐頭，甚至人類嬰兒肉泥都試過了，只有嬰兒肉泥她吃了幾口，還有一晚，助理買來的腎貓肉罐吃了三口，整整二個星期，加上看醫師前的一星期也幾乎沒吃，所以三個星期只吃了六口食物！

第一個星期過了之後，我的擔憂越來越重，留言、錄影給學妹，告知情況變得嚴重，學妹也警覺，忙完之後馬上致電給我。

妞妞也算是她從小看到大的，透過學妹告知妞妞說，她明白自己的身體已經無法支撐了，第一週吊點滴的那幾天，她跟我一樣都樂觀地面對病痛，當她知道自己的身體已經衰敗，精神還是很穩定。

她沈穩地跟星亞溝通，她最擔心的是我，怕我變成一個人、怕我自己單獨待在家胡思亂想，溝通中的每一句話，都是與我有關！滿心滿眼都是我；關於寵物溝通這件事，我了解很多人的質疑，但我與星亞認識三十年，雖然很少相聚見面，但我們是能說心事的閨蜜，她有溝通的能力毋庸置疑，另外，在毛孩病重時，了解她的想法對身為毛孩的媽媽來說，非常需要、並且也是一種了卻罣礙。

妞妞的病程走得很快！進入第二個星期時，直覺意識到她只剩幾天，我每天哭，小小聲地、不在她面前傷心流淚，怕她看了難過，但畢竟我們一起生活二十年，她是既黏我也敏感的貓，一定知道我的心情！

因為放不下我，所以臨終期撐了四天之久，那四天因為怕她在我睡著時離開，也因為心情，所以無法吃喝、睡覺，她也不曾闔眼。反倒是我，希望她就算想撐著，也要睡覺，也許她也怕自己在睡夢中離開吧，所以不曾闔眼休息。

　　臨終期的第二天，我打電話給在動物醫院遇見的、說有緣才會幫忙溝通的那位女士，視訊中，她請我把鏡頭對著妞妞，第一句話還沒說，女士的眼淚便流出來了，她轉述著：「馬麻，我要離開了！」我也流下眼淚，「請馬麻答應我幾件事。」

　　「好！你說！我會答應的！」我強自冷靜。

　　「請馬麻一定要好好地吃飯、好好地睡覺、好好地生活！不要再像以前一樣一直待在家，要常常外出走走，我會再找一隻貓陪妳！」我忍著淚，不能失控，要趕快把握可以溝通的時間。

　　第二天的晚上，我睡不著，我不能讓她自己孤零零地上路，妞妞體溫下降了，我找出一條淡黃色的大浴巾，像襁褓嬰兒一樣把她包起來，整晚躺在床上，面對面，雖然鬧鐘設定兩小時一次換紙尿褲，但鬧鐘沒響過，因為響起之前就被我按掉了！

　　第三天傍晚，實在忍不住，到處打電話問有經驗的學生、打電話給星亞，大家都鼓勵我，也為妞妞覺得不捨，為了我硬是撐著身體。

　　那一兩天，一直告訴她：「不要為了馬麻撐著，想休息就休息，看到天使來接妳，一定要好好地跟著喔！」可是，她連覺都不睡了，怎麼會願意那麼快走？通話中，星亞鼓勵著我，交待一些重要的事，最後掛電話前，

告訴我：「如果妞妞出發了，請告訴我！」

這一句話讓我豁然開朗，也讓我的心情鎮定下來，是啊！**妞妞只是出發去另一個國度，不是離開！她對我的愛永遠存在！**這一夜之後迎來最後一天！

終於在第四天的早上，我緩緩地進入睡眠，雖然只有幾個小時，但感覺好多了，到了晚上，**妞妞終於出發了，前往她應該要去的地方，不是永遠地離開，我知道她一直都在，以我們不知道的形式存在著，而我們最後終要相聚！**

為什麼一定要找出淡黃色的浴巾？我的毛巾、浴巾都是全白色系，妞妞的時間還沒到，我不要使用白色系，心裡這樣告訴自己，還好，還有這一條淡黃色的，她的體溫下降，四隻腳都是冰冷的，卻還為了我撐著，辛苦妳了！

妞妞出發了，我的生活得要繼續，「料理教室的工作不可以停！」我內心默默告訴自己，提醒著自己：「不要每次有事情，就把所有一切人事物都擱置一旁不管，可以減少活動量，比如簡化成一段時間內只專心做一件事，至少做到如此，才不會讓自己在傷痛的情緒下，讓悲憐網絡細密地交織在內心。

只要朋友約我出門，我就答應！就算料理課人數不足，我也照樣開課，我把自己放在中心點，去做我應該要做、或者能做的事！

「妳可以繼續憂傷、哀悼，但是，生活還是要過！料理還是要做！進廚房吧！冰箱內的食物該拿出來了！」

當我感覺要被低落吞食時，我學會這樣對自己喊話。

Jul. 28

韓式辣章魚拌麵 ／最合夏的胃口

Good Day Every Day.

　　在經常購買韓國食材的店舖，發現有現成醃漬的章魚，沒有特別考慮就放入購物車內！日常生活中，我最常做三個國家的料理，日本、韓國、與中式料理，或者是這三地的融合版！除了這些常做的，我也遵循著四季食材的產季，什麼季節吃什麼，對我來說是自然而然的日常！

　　夏天一年比一年熱了！

　　記得小時候的夏天，即便在外，也還有涼風吹拂，不至於悶熱難以呼吸；大概年紀也到了無法忍受炙熱、加上體質較弱，這幾年夏天，我不愛出門。

也因為疫情影響外出食材採買之下，養成習慣 (懶惰總是比較容易被養成，吐舌) 現在常常在網路上購買，關於韓國食材，只有早期到進口商倉庫看看，這幾年幾乎沒到門市買過，去實體店鋪幫我買的反而是助理。

在網路上看到這小菜，腦袋馬上出現好多種各式不同組合的食譜！第一次買辣章魚，一嚐之下，調味非常濃厚深重！於是把搭配的蔬菜們調味減淡，甚至有的只是清燙。

於我自己而言，夏季胃口與其他季節相比，需要特別調理才吃得下，主要都以清爽的調味為主！

| 食材 |

市售辣醃章魚	一份	清燙油菜花	一份
涼拌綠豆芽	一份	大陸妹嫩芽生菜	一份
涼拌菠菜	一份	韓國素麵	一份

註：這裡的一份都是我的一人份，你可以按照自己的份量去替換。

| 步驟 |

1. 按照素麵的包裝指示煮好素麵。
2. 將素麵放入冷水中漂洗，洗掉表面的黏著物，放入冰塊水冰鎮。
3. 擠乾水份的素麵放入碗中，辣章魚、綠豆芽、菠菜、油菜花與大陸妹都放在素麵上即可完成。

▨ 涼拌綠豆芽（調味減淡清爽版）

綠豆芽	200g

調味料

蒜泥	1/2 小匙
麻油	1 小匙
韓國粗辣椒粉	1/2 小匙
鹽	適量

1. 綠豆芽川燙後擠乾水份。
2. 擠乾水份的綠豆芽與所有調味料拌勻即可。

▨ 涼拌菠菜（調味減淡清爽版）

菠菜	450g

調味料

蒜泥	1/3 小匙
韓國湯醬油	1/2 大匙
砂糖	1/2 小匙
韓國粗辣椒粉	1/2 小匙
韓國芝麻油	1 大匙

1. 菠菜川燙後擠乾水分。
2. 擠乾水份的菠菜與所有調味料拌勻即可。

干貝檸檬燉飯

現在台灣很方便可以買到許多進口食材,我大學接近畢業與畢業後的三、四年,很鑽研義大利料理,那時候,台北只有一兩家義大利餐廳,一家在天母、另一家是現在的喜來登飯店,原是來來飯店的披薩屋,現在還在營運呢!

那時候如果要自己在家做義大利麵,就需要到天母的雜貨店去買。當時的天母居住著許多外國人,所以天母的雜貨店可以買到義大利麵、乾燥香草、蕃茄罐頭、少許歐洲食材等!

我第一次做燉飯距離現在大概三十年吧!剛畢業的那幾年,我每個月固定買一本英文食譜,通常是義大利料理或歐式料理。那時候這樣的原文書只有誠品書店可以買到,一本原文書要價一千元以上,在當時的台灣是高價物品!那時候我的月薪也不過兩萬多,以閱讀的角度來看,是一筆大開銷。三十年前連義大利麵長什麼樣子都不知道的人很多,更何況是燉飯!

　　那時期很少跟朋友聊飲食，因為大家會面面相覷：「那是什麼東西？」經過三十年，尤其這十年，飲食及其文化是顯學，好像你不懂一些就無法融入社會或群體，不過，成為顯學的飲食，對我來說好處很多，光是容易買到的食材就讓人興奮起來，不再需要出國遊玩時順便買食材！

　　每年都帶著學生去京都上料理課的我，每一次所有課程結束時，我總會安排一頓午餐，通常是強調使用京都食材的義大利料理、或法國料理、或其他異國料理，我很好奇，身為頑強固執的京都職人，如何將京都特有食材融入這些國家的料理中？

　　這一餐通常是我每一次料理旅行中最重要的一餐，翻譯老師也要隨行，我才能問主廚各種問題；去年，學生剛好在課後訂了義大利餐廳，我便當做是學習與紀錄的重要一餐，一起跟著去。侍者上其中一道料理並且解說完畢後，翻譯老師開始講解：『這一道料理使用了特別的菇類，採取什麼樣的做法，然後主廚選用了……』老師看著我，「他說了一個很奇特的名字，叫什麼カナロリ…我不太確定要怎麼解釋。」我從這裡開始把話接過來：「主廚使用了義大利一種很棒的米，米的品種叫 Canaroli 卡納羅利，義大利文怎麼發音，如果要做更好吃的燉飯，那麼會使用陳年米，因為更能吸收高湯的風味。」

　　是的！做燉飯時，使用哪一種米大概是燉飯最重要的一個環節，義大利的長米與台灣短米不一樣，燉飯要吃的口感是米粒外圍才開始分解，米

粒中芯尚且是硬口的口感，一道好吃的燉飯，除了米粒口感，另外最重要的口感就是跟隨燉飯的湯汁必須澱粉質已經入了高湯、有稠度的燉飯湯汁，或者也可稱之為已經「乳化」的湯汁，偏偏要有硬芯的米與有澱粉質的湯汁在烹飪技巧中的順序是矛盾的，因為米粒真正熟了後才會釋放澱粉質，可是我是燉飯啊！我的米芯必須是硬的！所以廚師會在燉飯最後的步驟大力搖鍋，讓米粒在鍋中互相碰撞，釋放出澱粉質、卻又保證硬米芯！若是做二人份，我還能應付，每次要煮多人份的燉飯，我還真沒有餐廳大廚的手臂力氣大力甩鍋呢！只能最後階段使勁大力攪拌來代替。

致努力過好每一天的自己
To Myself Who
Strives To Live Well Every Day.

食材（二人份）

新鮮干貝	5~6 顆	西式雞高湯	800 ml
蒜頭	2 瓣	義大利扁葉香菜	1~2 支
白酒	100 ml	橄欖油	適量
黃檸檬	1 顆	鹽	適量
義大利米（或長米）	140 g	黑胡椒	適量

1. 保留兩顆干貝完整不切，其它每一顆分切 4~5 等份。
2. 鍋中以橄欖油爆香蒜末。
3. 干貝撒少許鹽後，先放入整顆干貝。
4. 大顆完整干貝翻面時推至旁邊，其它所有分切的干貝一起入鍋翻炒至四分熟。
5. 倒入白酒，燒至酒精揮發，全部盛出，放入有濾網的調理碗內。
6. 另起鍋，橄欖油加熱後，放入義大利米，翻炒均勻。
7. 取一大湯勺，每次舀出一湯勺的高湯加入米粒後，翻炒均勻。
8. 每一次湯汁被米粒吸收後，才再加一湯勺，大約十～十五分鐘。
9. 將干貝濾出的汁液、檸檬汁加入米粒鍋，再加少許高湯翻炒。
10. 以鹽、黑胡椒調味後，檸檬皮一顆，磨好放入鍋內，拌勻。
11. 盛盤後，放入一整顆干貝、香菜末、磨少許檸檬皮即可。

▨ 西式雞高湯

雞架子兩付
洋蔥、胡蘿蔔
西洋芹、蒜頭
白酒、月桂葉
普羅旺斯綜合香料或
義大利綜合香料 1 大匙
水

1. 橄欖油炒香洋蔥、蒜頭。
2. 放入雞架子，翻炒後，加入白酒。
3. 放入胡蘿蔔與西洋芹，翻炒均勻。
4. 月桂葉與綜合香料放入。
5. 加入水。
6. 滾後轉小火，燉約一小時，所有材料濾出丟棄，湯汁即為西式雞高湯。

Jul. 29

海頓C大調第一號 大提琴協奏曲／解躁

Good Day Every Day.

人們煩躁時，會做什麼事呢？

　　有時候，我選擇睡覺，但是不是每一次都能夠睡得安穩。如果時間不是太晚，那麼，我會拿起琴弓，拉奏我第一首學習的古典音樂，《巴哈無伴奏大提琴組曲一號前奏曲》，這是我最常拉奏的曲子，雖然每個音符看起來很簡單，但是組合起來優美無比！

　　所有的大提琴家，奉巴哈無伴奏大提琴組曲為聖經，因為巴哈原譜沒有弓法，從此每一位大提琴家，發明各種弓法拉奏，同樣的音符，因為弓法運用不同而產生自有的曲調與風格，是每一個大提琴家對巴哈的詮釋！

幼幼班如我，也選擇自己喜歡的弓法，十年來，煩惱時、焦躁時、想安靜、
需要靈感時，就拉奏一號前奏曲。

我學大提琴的基石來自於看了電影「Hilary and Jackie」（台灣翻譯
「無情荒地有琴天」），大提琴家賈桂琳杜普蕾的故事。電影中穿插的配
樂是杜普蕾震憾世人而名滿天下的曲子，艾爾加 E 小調大提琴協奏曲。

當我買到杜普蕾的艾爾加大提琴協奏曲時，CD 一放，我便在黑暗中
淚流滿面，幾次的搬家，在一個頂樓租屋處，連臥室的牆都是冰冷的磁磚
這樣的一個住處，流淚聽著杜普蕾的艾爾加；當時還是上班族的我，過得
頂不愉快，一天下午，我一邊打電腦、一邊想著，環境是無力變動的，那
麼該做些什麼改變自己呢？

在那一瞬間，想起了電影、想起了打動我的大提琴低沈的吟唱，那天
晚上下班後，我買了一把工廠製作的樣板大提琴，順便附上幾堂課！

第一次上課時，我不知天高地厚地跟老師說：「我的目標是艾爾加大
提琴協奏曲！」老師很有禮貌地說：「好！」事隔多年，我似乎還可以感
受老師臉上的幾條肌肉不自主地抽動著，她內在的潛台詞應該是：『哪來
的膽子第一天說要學艾爾加？』

艾爾加 E 小調大提琴協奏曲是大提琴界有名的難曲，作者艾爾加本人

將經歷世界大戰、失去親人的傷痛都寫入這首曲子，難得的是當時非常年輕的杜普蕾可以將垂垂老者的傷心演奏出來！在我學琴超過十年之後，終於提出「應該可以學艾爾加了吧？！」之際，老師終於認真地答應了！

2021 年的 12 月，在我依然享受拉大提琴的時光中，做了一個決定，把正在學著、手感也熟練了的艾爾加大提琴協奏曲，臨時換成海頓的 C 大調第一號大提琴協奏曲，通常，練琴者是不會臨時換曲子的！尤其是那麼難的曲子正練出手感時突然換掉！

有時候沈溺在黑暗中，會某一個瞬間突然腦中像是發出『叮』的一聲，被敲醒那樣。在過了兩年在黑暗中下沉的時光，2021 年底，突然覺得：「夠了！不要再憂鬱了！」艾爾加如同輓歌的曲調該換一換！我不想、也不要再沈浸在悲傷中，雖然當時的我，就算憂鬱傷心，大家也會覺得理所當然，面對至親的過世，大家一定不會為難你！但是，真的該好好地面對處理憂傷，不要繼續傷懷的話，至少不要再拉奏艾爾加了，「換一首明亮的曲子吧！」我對自己說！

曲風從厚重、沉緩陡然變化為飽滿、悠揚，**刻意讓自己從低沉走向明亮，是狠掐著大腿肉、硬要轉身變化的心情！**

海頓 C 大調全曲絢麗、豐厚，所以對淺資歷的人如我，容易盡情地把每一個句子都拉到大聲，像小朋友一樣，喜歡的歌會唱得很大聲！我一邊

拉、一邊比較名家們的變化，在最高點的抑揚頓挫之前，那些鋪陳的許多音都拉得婉轉、小聲、半透明的淺吟般，故而在主調來臨時，才能差別化地把主旋律拉奏得優美動聽又令人印象深刻。

也許，在地球上各個我不知道的地方，有許多人就是徘徊在主旋律之前的鋪陳與準備，或者，明年還是依舊低調地蓄積能量，可，那都是為了主旋律的亮麗與豐富！最出彩的演出都是慢慢鋪陳出來的！你在這裡嗎？**往前走三步時，被挫折推倒後退了五步，連同原來的努力都被消弭了？！真的好不甘心，對嗎？我也不甘心！那麼我要把原來的三步走得完美，再繼續我的旅途！**

準備好了嗎？不論是小調、婉約、低溫的樂音，都是為了迎接澎湃、華麗與風格。

Jul. 30

「I人」足不出戶 ／平靜地感變

Good Day Every Day.

　　疫情的三年，關在家裡很難耐得住嗎？我不會、完全沒有，甚至有點開心，可以「光明正大」足不出戶！我有大量的書可以閱讀、或者花時間研究料理、跟貓咪一起呼呼大睡、追看很多很多的劇，還有，也可以練大提琴！

　　「疫情將永遠地改變人的生活！」一位我的學生在疫情初期就告訴我這件事，當時我還不太能體會，現在明白，是真的改變了，疫情後，一大半的採買食材是從網路來的，這違背我的習慣，因為我喜歡看到食材真正的狀態才會採購，疫情發生到現在，已經習慣網購了，雖然有時候會踩雷，但還是讓人覺得方便多了！

疫情期間，關在家的許多人，聽說廚藝都精進了！！朋友們分享告訴我。封城在家的時間，新聞報導風聲鶴唳，當然會有點緊張，但是我一個人住，所以倒是自在。除了不得不、必要的出門採買，多數時間都過得悠哉，沒有到焚香撫琴、酌酒拾花，但是差不了太多，練練大提琴、下單幫助花農的插花、研讀新的食譜，喔～也下單買了好多的赤紫蘇，反覆研究做出香氣濃郁的紫蘇酒，但是為了運費，赤紫蘇買太多了，於是又煮了日本人夏天愛喝的紫蘇水！

赤紫蘇水

我一直是喜歡紫蘇香氣的，不論是被日本人稱為「大葉」的綠紫蘇或是赤紫蘇，兩種都喜歡。紫蘇香氣很是沁人，是一種優雅的提神清香。

做日式家常料理時，大葉（綠紫蘇）是非常重要的食材，以前還偶爾種植，後來都在日系超市購買。在日本，大葉是任何季節都有的食材，但是赤紫蘇在日本是季節性食材，大概是春末至夏初，日本人使用赤紫蘇做很重要的食材—「梅干」！

梅干又能產生許多副產品，如赤紫蘇香鬆、梅醋等，但是赤紫蘇水不

屬於梅干的副產品，就好像韓國人在做泡菜時，順手做出菜包肉；赤紫蘇水就是日本人製作梅干隨手做出來的。

　　喝著赤紫蘇水時，常常想起小時候台南人的日常，「楊桃汁」！啊！突然口舌生津，真想各喝一杯啊！

| 食材 |

新鮮紅紫蘇葉	250g
水	1600~1800ml
白砂糖	200g
蘋果醋	100ml

| 步驟 |

1. 水滾後將洗淨的紫蘇葉放入，壓入水中，煮至葉子紅色部分都已融入滾水中。
2. 撈出紫蘇葉，放入砂糖。
3. 待砂糖溶解後，加入醋即馬上熄火即可。

豆漿冷麵

台北的夏天真的太悶熱了！小時候可以耐熱，大太陽底下也玩耍得很開心，現在寧可凍也不要熱！我的日文老師問我夏天要吃什麼台灣料理，我自然而然地回答，涼麵呀！還可以加一碗貢丸蛋花湯呢！她非常決絕地否定我，「那根本就不是涼麵！！」對日本人來說，冷湯或是涼麵的溫度一定是「冰冷的」！她直接判決台灣涼麵死刑，因為那是常溫的麵條！這次我倒不反駁她，因為我其實也認為「涼麵」應該要是「冰冷的麵」！

「涼麵」是「冰冷的麵」在日本與韓國是正常的！不論要做的是日本冷蕎麥麵、冷素麵，或是韓國的冷拌麵、咸興冷麵，那一定都是冰冰涼涼的麵！韓國咸興冷麵的湯甚至常常是帶著冰塊的高湯！日式冷蕎麥麵與素麵在台灣是非常簡單製作的，日系超市市售的醬汁就可以混過去，韓國的冷拌麵與咸興冷麵需要料理烹調，所以如果想要跟日本冷麵一樣簡單的，那就是豆漿冷麵！我使用的是超市有機手工豆漿，非常濃郁的豆香味，只要加入少許鹽巴就可以了！

| 食材 |

有機豆漿	400~500ml
鹽	適量
韓國素麵	90g
西瓜	100g
小黃瓜	1 條

| 步驟 |

1. 豆漿加入鹽，放入冰箱冷藏備用。

2. 素麵按照包裝指示，煮好後在冷水下沖涼、洗淨表面黏液。

3. 素麵擠乾水份，放入大碗中。

4. 在素麵上擺好西瓜片、小黃瓜絲。

5. 將冷藏的豆漿加入即可。

Aug.01

做自己的第三者
／覺察

Good Day Every Day.

　　人生的路好長、又好難走！你有這種體會嗎？我有！我相信很多人都有這種體會！

　　從年輕時代三十歲左右的憂鬱，來到五十歲又再度面臨憂鬱時，這次，我有足夠的經驗跳脫出來看著二十年變化的自己，這是一種練習，是一種大家都必須學會的技巧。

　　在情緒淹沒自己時，有能力站在圈外人的角色看著自己，這樣才能阻止情緒毫無目的的漫流，進而崩解內心，這是一種「覺察」的能力。

擁有這種能力的人，一定都狠狠地痛過！我們生病時，會去找醫師，如果「心」受傷了，那麼，要找哪一個醫師？別人我不知道，我知道，「我自己」就是最好的醫師，使用「覺察」的能力找出情緒的源頭，去分析自己，因為只有妳懂自己心裡的彎彎繞繞與柳暗花明，需要的話，找到一個「適合」的朋友聊一聊這些被你自己揪出來的情緒也是一個好方法，所謂「適合」的朋友不僅僅要夠了解你，適合的朋友知道你的坎、知道要在哪一個點讓你看清楚、甚至知道在哪一段要稍微罵你、拉你一把！另外「適合」的朋友絕對不能是個「烏鴉嘴」角色！

年輕時的我不懂覺察，所以過了辛苦的十年，最後是在成為料理家的路上，藉由料理與寫作療癒了自己。

這一次，我很早就發現自己的不對勁，但因為疫情，「一直關在家裡」變成一個理所當然的理由時，覺察力降低了！許多行業因此不能營業時，我雖然也緊張料理教室的營運，但另一個自己經常跳出來「多好啊！你不是心情難過到不想上課工作嗎？！」

從晴天霹靂得知媽媽的病情、經過她罹癌的後期、直至她過世一年多，我就這樣過了兩年，把自己關在房子內。因為警戒心降低了，有時候，甚至在她到台北治療時，我沒有出現隨侍在側，我的逃避驅使我不去看、不要想！

後期她回到台南靜養，我反而比較常回去，一直到她離開後一年八個月的時候，內心的覺察力來到最高點，此時就是我放棄練大提琴曲〈艾爾加〉的時候！我對自己發出靈魂的拷問，奮力把自己從深坑中挖出來，逼自己轉身面對外面的陽光。

不止內心的覺察，我也開始調整身體的狀態，正視肥胖帶給我的外表與健康的問題！這一次的大覺察，花了兩年的時間調整！從外表到內在，進入一個未曾接觸的世界，然後成為更新版本的我。

四年了，我依然極度想念她，依然會在某個時刻忘記她不在而打了電話，在心裡，我為她蓋一座花園，每天到花園走走，與她說話，偶爾還是會聽到她的叮念，把花園裡的花整理好，成為我的生活儀式！

你有需要覺察內在的傷害與情緒嗎？試著練習，找出自己受用的方法，讓枯萎的生命再度有生氣，需要很多時間、耐心與練習，我說的「很多」不止是多、還要很「用力」與很多「意志力」！但是讓生命進化本來就是一件相對艱難的事！不論你要用多少時間或多用力，這是你所能做、送給自己最好的生命禮物。

不願麻煩別人的內耗
／求助

Good Day Every Day.

　　生性害怕麻煩別人，加上有些好強，前半生無論碰到困難、挫折、徬徨，乃至無法解決的問題，我總習慣獨自焦慮、獨自思索，盡量不去找別人幫忙。

　　自己一個人扛，很多時候真的扛不住呀，然後不自知地被壓倒。也不曉得這是該說智商不足？還是過度好強？反正就是有種跟別人開口求救，就是麻煩到別人，怕造成困擾！
　　這段日子的一些經歷，讓我有了頓悟的感覺。

　　也許是對很多事情沒有年輕時那麼「矜」了，最近，我體悟到，如果

真的需要幫忙，不要再硬撐，說出來！跟信任的人說出來，說你需要什麼幫助！然後感覺自己的肩膀輕了好多，心裡也跟著變輕。

前陣子，房東賣了房子，有一些學生最近知道後，大家都非常惋惜，因為她們想買下這個房子，然後讓我繼續把料理教室做好、做滿！

有個學生說：「哎！妳怎麼都不說？！妳要是說出來，妳知道有多少人想幫你嗎？！」我只好看著她傻笑。很多時候，我們都怕麻煩到別人，真的很需要幫忙的時候，反而嘴巴閉得很緊，自己撐起天，即便已經滿身傷了，還是站得直挺挺的！

有時候，我們要學習的反而是「放鬆」！不是那種什麼事都不做而躺平的放鬆，是你在高壓之中還擁有「鬆弛感」的那種放鬆，這樣，反而可以把許多事想得更透徹，也會因為這樣，讓很多事迎刃而解，在你很努力的時候，如果需要幫助，請不吝惜開口，求助！眾人思考解決問題，說不定比你自己汲汲營營還要快上許多！

我學會了求助之後，發現人同此心地，我在能夠有能力幫助別人時會獲得快樂；很多人也是一樣的呀，在我需要幫助時，關心我的人給予我幫忙，讓我輕鬆許多，心裡暖暖的感受非常豐盈，了解原來有這麼多人願意對我好。

求助，原來不是懦弱，而是願意打開心與其他人共振，交換關懷、付出的美好循環！

鳳梨果醬

　　一次無心地訂購知果堂的春蜜鳳梨，品嚐之後非常喜歡，多汁、纖維細緻、香氣濃郁，鳳梨芯甜脆，與果肉是不同的口感！這次之後，每年春蜜鳳梨的季節一到，我就開始下訂單，偶爾也跟教室的學生一起團購！

　　因為每次都必須買一箱，我的胃口不大，幾天之內吃了兩顆鳳梨之後，脾胃也滿足了，這時候，有很多方法可以使用鳳梨，比如以鐵鍋炙烤鳳梨，搭配冰淇淋就是一道餐後甜品，台灣特有的鳳梨炒飯、鳳梨蝦球也是下廚者的好選擇！我較常做的是鳳梨果醬；不過我的鳳梨果醬經常會搭配香料，這次是蕃紅花，並且一如既往降低砂糖用量。

| 食材 |

鳳梨果肉	800g	檸檬皮	一顆
檸檬汁	一顆	砂糖	300g
（黃檸檬或綠檸檬均可）		番紅花	一小撮

| 步驟 |

1. 鳳梨切小塊,約一公分見方最佳。

2. 鳳梨、砂糖與檸檬汁放入鍋中,先拌勻再開火。

3. 鳳梨醬滾後轉中小火慢煮約 15 分鐘。

4. 加入番紅花,續慢煮 15 分鐘。

5. 如不喜鳳梨醬水分太多,可以轉大火略微收汁。

水果沙拉

台灣是水果王國，除了台灣本地的四季水果產量豐富，進口的水果也越來越多樣化！在台灣吃水果是幸福的！

我較少做水果沙拉，因為現在的水果都種植地太好了！甜度高怕發胖，想減重的人，水果也是要斤斤計較的！我喜歡做的水果沙拉，通常都是以水果、沙拉菜葉與起士混搭，光是起士與水果的搭配就千變萬化，我一直認為做水果沙拉不要太拘泥於一定要哪一種水果配哪一種起士，有時候找出自己喜歡的搭配也是一種樂趣！

去年到今年，我迷上布拉塔起士，好多水果沙拉都使用布拉塔起士，其實像是莫佐瑞拉（mozzarella）、布利（brie）、艾曼塔（Emmental）起士都是極易搭配的溫和版本起士，在家裡若是做了西洋料理，那麼餐桌上來一盤水果沙拉非常適合呢！請一定不要錯過這麼簡單、又可以發揮無限創意的料理！

| 食材 |

奇異果　　　　　兩顆　　布拉塔起士　　　一顆
香吉士　　　　　兩顆　　初榨橄欖油　　　適量
小番茄　　　　　一杯　　鹽　　　　　　　少許
芝麻葉生菜　　　適量　　黑胡椒　　　　　少許

| 步驟 |

1. 奇異果削皮後切片。
2. 香吉士去皮後輪切片。
3. 小番茄對切備用。
4. 在盤內把奇異果片與香吉士片
   排好。
5. 放一把芝麻葉生菜。
6. 布拉塔起士置於生菜上。
7. 撒少許鹽、黑胡椒後,再淋適
   量初榨橄欖油即可。

日式三色素麵

　　我吃素麵的歷史很長，Sogo 日系超市開了多久，我就吃了差不多有多久，正確來說大概至少三十年，全台灣第一家賣日本素麵的超市，除了日本素麵，當然也有素麵專用的鰹魚醬汁，至於為什麼在那樣的年代，還沒什麼日本旅遊經驗、也還沒特別專研日本料理的我會去買素麵來吃呢？這歸功於當時開放的有線電視，我只專注看各國的料理節目，剛大學畢業的我遇到開放的有線電視、加上自己每個月在誠品買一本原文食譜，一切關於料理研究的源頭從 1994 年開始，只不過，那時的我把料理研究當作興趣！

　　最剛開始，我吃的多是蕎麥麵，後來偶然發現素麵的美味，兩種麵比起來，我最常買素麵，剛畢業還不需要減肥的那幾年，有好多個晚上，總是吃素麵，只需要煮兩分鐘，素麵的醬汁沒有任何油，讓我很適口安心，我一直不愛吃太油膩的料理，簡單準備蔥末跟綠芥末，這樣的一份素麵就能滿足我！別人颱風天搶青菜與泡麵，我可以只需要素麵與青蔥！

　　實際上在日本吃素麵時，最好的搭配是茗荷、少許蔥花與新鮮芥末，

這當中能讓人在夏天提振胃口的是茗荷，很久以前，日系或進口超市還能買到茗荷，現在多是只能跟進口商訂購，對消費者來說不很便利，茗荷吃起來像是優雅的淡淡薑味，可也不能以薑取代，因為兩者味道不同，如果一定要用，可以使用嫩薑磨少許薑泥就好，搭配切得細緻的蔥花與綠芥末，這樣的素麵醬汁就可以了！在這裡，我會強調使用「切得很細」的蔥花，才能讓素麵吃來有清新之感，而不會被蔥辣味嚇到！

料理教室十幾年來，我遇過很多學生害怕某些食物，怕的原因通常是第一次吃的時候有了不好的經驗，也許是口感、或者是味道，不吃的食物排行榜大概有茄子、青椒、胡蘿蔔、青蔥等等，意外地跟小朋友討厭的食物很像呢！課程中詢問他們的感想，通常都是第一次的經驗太糟糕，從此就再也不喜歡了！我想起自己的鳳梨經驗，人生中，我們如果碰到第一次的經驗不甚愉快，從此心中便有了芥蒂與偏見，很難扭轉印象了！

青蔥是我也常聽到不愛吃、不敢吃的食材之一，多數原因都是因為青蔥特有的嗆味，如果切蔥花時、切得太大，確實會讓某些味覺敏感的人排斥，如果希望料理的味道細膩且平衡，那麼像蔥這樣的輔佐配料，就要注意刀工，把蔥切細，才能讓料理味道顯得平衡細緻。

| 食材 |

日本素麵　　　　　　90g
市售鰹魚醬汁　　　　適量
青蔥　　　　　　　　一支
日式綠芥末　　　　　少量

| 步驟 |

1. 素麵按照包裝指示煮好。
2. 將素麵在冷水下沖洗掉表面黏液，放入冰塊水中冰鎮。
3. 素麵擠乾水分放入盤中。
4. 市售鰹魚醬汁按照包裝指示稀釋，放入豬口杯。
5. 另備小盤，放入切細的蔥花與綠芥末即可。

CHAPTER
AUTTAN
秋

花市的換季總是比所有行業快一步，
秋天的花一上市，就知道那些紅、黃漸層系列將快速席捲街道！
天空的雲、空氣中的陽光即將開始抖抖蕭瑟。

這天習花，主角一應是秋葉為主，
以螺旋形手綁的方式呈現作品；
即便走在台北炙熱陽光下，看看手上的花草，秋天真的到了！

Joyce's Playing

Aug. 20

那些蕭瑟與孤寂 ╱與世界和解

Good Day Every Day.

　　春去秋回，四季更軼，掉落的綠葉、轉黃的銀杏、漸紅的楓葉，雖然台北依舊炎熱，但是食材與花材老實地跟著節氣出現。

　　這十年，我總是在秋天到日本京都，每一次都是帶學生到京都上料理課，京都的料理課，我習慣一個人走路，偶爾，風很涼，甚至有點冷意，滿地的落葉提醒我，秋天到了！這兩年，走進京都的秋天時，總會想到媽媽！因為她只喜歡到日本旅遊。

　　幸好，我沒錯過，曾經帶她到過我愛的京都，我們在南禪寺、金閣寺留影，還去了人煙較稀少的西本願寺；也去了宇治，在真正的榻榻米茶室，

品嚐茶道老師的「點抹茶」，她看起來很開心、很享受京都！

蕭瑟的冷風又吹來，把我的回憶吹散，望著天空，「妳過得好嗎？」應該比以前好吧！不需要再扛著家的重擔！

曾經我逃避想念母親，怕一旦想念就會悲傷難過，但現在我不怕了，覺得悲傷難過也是正常人會有的正常情緒罷了。允許自己在想念的時候，就盡情想念，然後抹去思念的淚水，繼續好好過自己的日子，我已經習慣了在想念中過生活。

這個季節真正像人生中的聚與散，葉或許開始離枝，卻恰恰是果實的成長。無論生活中的得與失，我也認真學著欣賞和坦然接受。

秋天到日本旅遊時，常常會看到餐廳的廣告版上寫著「食欲の秋」！經過炎炎夏季不振的食慾，秋天不但要為進入冬天補充熱量，這時候許多農作物都收成了，似乎該在這個豐收的季節，不錯過任何食物啊！

布拉塔起士與葡萄、無花果沙拉

因為吃水果的食量很小，故而很少買水果，除了這幾年在傳統市場跟熟悉的攤商買，幾乎是不買的，不過有幾種我喜歡的水果，會買很多，甚至是一個家庭的份量也沒問題，比如麝香葡萄、無花果、櫻桃、水蜜桃等，碰到自己喜愛的水果時，經常沒有節制！

會買這麼多的量是因為我經常拿水果做沙拉、料理、甜點，一種喜歡的水果從前菜吃到甜點、才會吃回到原型食物的水果，這種吃法很盡興啊！

來說說布拉塔起士吧！布拉塔起士是多數人都喜歡的莫佐瑞拉起士為基底所製成的，對於不敢吃起士的人而言，莫佐瑞拉是最初階的入門版起士，味道溫和，就像濃縮牛奶的清爽版，想像莫佐瑞拉是一張皮，裡面包入小塊莫佐瑞拉起士與鮮奶油，有內餡的莫佐瑞拉就是布拉塔起士，由於是新鮮起士，所以保存期非常短，如果在起士專門店購買的話，經常是預購商品，布拉塔起士一到貨，馬上運送！味道清爽加上有鮮奶油內餡的布拉塔起士，非常適合與水果一起搭配成為沙拉，大部分台灣的熱帶水果也

致努力過好每一天的自己

120

能搭配，鳳梨、枇杷、百香果、柑橘類、水蜜桃、草莓等，稱讚布拉塔為百搭起士也不為過！甚至可以單一個布拉塔起士放入盤中，淋初榨橄欖油就可以上桌，這種簡單的料理法是凸顯特選食材布拉塔的美味做法！

　　這次做的是單純的水果沙拉，你也可以加入生菜，如果對於醬汁的變化沒有把握，那麼也請使用永遠的萬用沙拉醬汁，「初榨橄欖油與少許鹽」，萬用沙拉醬汁如果要再變化不過是再多加入現磨黑胡椒、新鮮檸檬汁，這幾種醬汁變化可以對應所有的自由變化食材的沙拉。

│ 食材 │

無花果	3 顆	初榨橄欖油	適量
麝香葡萄	8~10 顆	鹽	適量
布拉塔起士	1 顆	蒔蘿葉	少許

│ 步驟 │

1.　無花果一顆分切 4~6 瓣，麝香葡萄每顆一分切 2。
2.　所有水果與布拉塔起士放入盤中。
3.　撒少許鹽、淋初榨橄欖油，再以蒔蘿葉裝飾即可。

Aug.22

大提琴歲月
／興趣是良藥

Good Day Every Day.

　　一開始學琴的頭五年，那是我最認真的一段時間，尤其前三年還是單純的上班族時，沒有落過任何一天的練習。那三年我像海綿一樣吸收著，每次下課後的當天，回家練習時就已經把全曲背完。

　　到下週的上課之前，我隨時都處在「練習的狀態」！上班時，用耳機聽著練習曲，讓曲調跟節奏刻進腦中變成自然反應、下班後練習最少一小時，連過年放假還把大提琴背回台南，做到「每天」練習。

　　老師常說，那一段時間的我，簡直像神童一般地快速進步著，如果我多年來都像那幾年，現在的大提琴藝應該怎樣又怎樣？但人生的變化很

多，有的變化來得又快又急，讓人應接不暇。

學大提琴三年之後，是我書寫料理部落格的高峰期！並且受邀教課、還有出版社也找上來了！雖然如此，前面五年我還是保持著每天至少一小時的練習！

大提琴不是一個容易學的樂器，入門快但是進階精巧難度高，每個人對音感也不盡相同。拉奏大提琴時，我全心投入，可以針對一個句子，反覆不斷練習，雖然我音感不好，但是我也沒逼自己要有多好的琴藝，練琴時，我的心靈會保持在高度能量與專注中，對當時上班不快樂的我而言，是一種解脫與治療！

料理教室成立後，能練習的時間變更少了，但大提琴依舊是我不工作時生活的重心，某些時刻，壓力極大時，我反而突然練起琴來了！我想這就是所謂「音樂療法」吧。

有一次食譜拍攝，食譜拍攝是一件身心靈壓力大到極點的工作，腦子隨時組織同一時段的每一道料理的不同進度，更不要說體力的大量消耗與拍攝前食材整理組織採買！

某次拍到一半時，攝影師需要重整背景與道具、換鏡頭等等，有了一個小空擋，我就突然拉起了大提琴，聽到攝影師小聲地問編輯：「她還好

嗎？」編輯淡定：「不用管她，她拉一拉琴就會好了！」

在高壓力的現代環境中，我們都需要為自己的生活找一個小小的出口，哪怕那件事非常小！有些人喜歡收集公仔，或者專注潮牌，有人熱愛揮汗跑步，只要能讓心靈再次沈穩和注入生氣，再小的事情對自己來說都是大事！

我希望到我年老的時候，依然對新事物保有學習的高度動能，時時讓生活永遠有新的面向，也許在七十歲的某一天，突然跑去唸喜歡的歷史系或中文系，誰知道呢？**我們的人生有著美麗的驚喜是一件浪漫的事啊！**

Aug.22

不受時地所困
／浪漫

Good Day Every Day.

　　大約十五年前就曾做過珠寶盒三明治，每一種食材於我而言，就像珠寶一樣閃亮亮，把一整顆麵包維持原來的外貌，只有切了之後才會讓人驚喜！從第一次做，到最後一次做，每次都在我的腦海中想像著在櫻花樹下野餐的場景，到櫻花樹下野餐應該是很容易達成的願望，不過，人生啊！就是這樣，好像因為簡單就忽略了！有時候，反而是那些很難做到的願望，會因為困難而做好計劃、一步一步前進，然後就到達目的地！

　　「花見」是我很小的願望，想像到櫻花樹下野餐、賞花，如果是日式賞花便當，我想做花形狀的飯糰、要準備熱茶、而且一定要有櫻餅！要是換成西式野餐，那麼，一定要有這一份珠寶盒三明治，前一晚做好，保鮮

膜包好整顆麵包、送入冰箱冷藏，也剛好順便固定所有的食材，才不會在
切開時散落；想像一下吧！在滿開櫻花樹下，隨著微風送來的櫻花瓣，妳
切開三明治分享給大家，以為只是一顆普通的歐式麵包，沒想到內藏玄機，
多麼美好驚喜的一幕啊！

這個小願望一直沒實現，因為我不喜歡人擠人的觀光景點，如果春天
去日本，一定要讀「櫻前線」的預測，大家去賞櫻，我則是避開櫻花盛開
的地方。雖然近十年，每年都要帶學生去日本上料理課，但這麼多年下來，
只有一次因為行程卡關，在「花見」時間到京都，那一次有一堂課在哲學
之道附近，我們下課後，大家分著每個人買的不同和菓子，有豆餅、櫻餅
等，我跟兩個學生帶著和菓子到哲學之道散步，說散步其實沒有散步的心
情，人實在太多了！走了一會兒，在一個路邊的花叢坎上，沒有野餐布，
席地而坐，快速地吃完櫻餅！不得不快啊！人那麼多！

也許，終將有一年，可以在櫻花樹下真正地「花見」一下，不論要吃
日式便當、或西式三明治餐盒，一定會留下美好的回憶！

在機緣未到之前，這個夢想也許在某個野餐約會能夠實現，一處公園，
某片草地，那就是一個預想之外的浪漫呀。

珠寶盒三明治

| 食材 |

歐式鄉村麵包　一顆

生菜沙拉　　　適量

油漬番茄乾

火腿

酪梨

| 其他建議材 |

小黃瓜

牛番茄

去籽黑橄欖

莫佐瑞拉起士

鯷魚醬（鹹度高，請使用少量提味即可）

| 步驟 |

1. 歐式鄉村麵包上半 1/3 處的地方,以麵包刀水平切開。

2. 將麵包下半 2/3 部分的麵包體取出,僅留麵包外表皮的部分。

3. 隨意將所有的食材一層一層地放入麵包內部,最後再蓋上蓋子,保鮮
    膜包緊,放入冰箱冷藏至少六小時,使各個食材稍微固定即可。

刀工・茭白筍炒雞絲

　　「刀功影響料理的味道」這件事，並不是所有的人都了解，如果一道菜同時用了不同的刀工，然後上桌讓食客品嚐並且同時測試，這樣才能讓大家知道「刀工」的重要！關於刀工的重要性，我曾為學生上了一堂中式料理課，大家都熟悉的食材，在刀功的表現下產生不一樣的口感，才能真正地為學生解惑！

　　當上班族的時候，每天中午吃什麼是重要的事，偶爾會選自助餐，路邊看到的許多自助餐小店照顧著許多人的脾胃！

　　在自助餐選菜時，經常發現許多家常菜的一成不變，比如芹菜花枝、三色蔬菜、等等，有一些菜則是黃金組合，大家都了解這樣很好吃，比如番茄炒蛋、豬絞肉炒茄子等，最常看到的茭白筍烹飪方式通常是把茭白筍切滾刀塊，也許搭配少許蔬菜再做成炒茭白筍，這是最常見到茭白筍的做法。

　　有一次跟學生討論了起來！於是我開出了「刀工課」，意義在於不需

要大師傅的深厚刀工，只要改變刀法，就可以讓料理變得非常好吃！接下來的兩道菜都是因不同的刀工變化而讓人愛不釋口！

料理課許多學生都是每一期一直來上課的老學生，刀工課結束後，大致問了大家回家做了什麼菜，這兩道菜上了排行榜，大家說變成家裡的常備家常菜了！

茭白筍炒雞絲的靈感來自於母親做給我們吃的「香菇飯湯」，媽媽牌香菇飯湯的高湯是綠竹筍切絲後，大火炒熟放入豬骨清湯中慢熬即成，我很愛這道料理，這也是媽媽的招牌之一，筍絲高湯中，豬骨清湯雖然清澈，卻又熬煮出豬骨特有的風味，而筍絲帶來的清新，讓湯變得爽口，非常好喝！

先將茭白筍斜切薄片，再切成細絲，雞絲嫩度維持住的話，這道菜就成功了，雞小里肌肉放入冷凍庫約二十分鐘，微凍後容易切成細絲，拿一個小鍋子，倒入油之後開火，在中溫時（約 130~150 度 C）放入雞絲「泡熟」；「泡」是一種大家比較少用的烹飪技巧，「煎」、「煮」、「炒」、「炸」大家都熟悉，「泡」在家常料理中較少用到，將雞絲以中溫泡熟，能保持雞絲的嫩度，濾出後與茭白筍絲一起炒即可！

茭白筍也可以因為刀工而變得精緻優雅，這樣的料理方式更可以拿來宴客也不失大方得體！

| 食材（六人份） |

筊白筍絲	420 g	沙拉油	2~3 大匙
黑木耳絲	1 片	中式雞高湯	2 大匙
雞小里肌	150 g	日本味醂	1 大匙
鹽 少許 / 米酒	1 小匙	鹽	適量
（醃雞肉用）		豌豆仁	（裝飾用）
沙拉油　2 杯（泡雞絲用）			

| 步驟 |

1. 筊白筍斜切薄片，再切細絲。
2. 黑木耳切細絲。
3. 雞小里肌放入冷凍庫 15~20 分鐘，拿出後逆紋切細絲。
4. 雞絲以鹽與米酒醃漬約 10~15 分鐘。
5. 2 杯油放入小鍋中，加熱至 140 度左右，將雞絲放入泡熟，濾出備用。
6. 起油鍋，大火略炒筊白筍絲與黑木耳絲，加入泡熟的雞肉絲。
7. 中式雞高湯、味醂與鹽放入調味，盛盤後放少許豌豆仁裝飾。

▨ 中式雞高湯食譜

雞架子	1 付
洋蔥	1 顆
高麗菜	1/4 顆
蔥	1 支
薑	1 片
乾香菇（小）	2 朵
干貝（或碎干貝）	10g
水	1000ml

1. 雞架子滾水燙煮過後，在清水下沖洗乾淨。
2. 所有食材放入鍋中，在水滾之前仔細看顧，不要使其大滾。
3. 雞湯滾後，轉到最小火，讓湯微微地滾著一小時後即可。

刀工・豆乾絲炒肉絲

另一道改變刀工會變好吃的是大部分中餐廳都可以吃到的豆乾絲炒肉絲，這一道料理就真的需要會使用刀了，不過，不用怕，豆乾是一種很容易練刀功的食材，就算切得不好，這道菜味道還是好，只是口感上的差別！

有一陣子我很愛吃這道菜，疫情期間待在家時，常常從各種不同的中餐廳叫這一道菜，比較每一家餐廳的不同之處算是我的工作樂趣之一，吃了超過十家之後，大概只有一間讓我上心，吃多了有心得也會自己試做，盡所能地將小豆乾水平片出至少四片，我的學生大部分都能片四片，我自己用心練習時，可以片六片。

哈哈，大部分的人不需要像我有「秀廚藝」的需要，測試結果發現只要至少能片四片，豆乾絲就會有如吃「嫩豆腐」的口感，為了這個好口感，請務必試試看。

致努力過好每一天的自己
To Myself Who
Strives To Live Well Every Day.

| 食材（六人份） |

小豆干	600~700 g	蒜末 / 薑末	各 1 小匙
豬肉絲 或 牛肉絲	200 g	大辣椒	2~3 支，切細絲
太白粉	1 小匙	醬油	110~130 ml
鹽	少許	味醂	25 ml
沙拉油 1 大匙 （醃肉絲用）		砂糖	1 小匙
沙拉油	適量	綠蔥段	

| 步驟 |

1. 起一鍋滾水，小豆干放入燙煮三分鐘，取出洗淨。（先清燙小豆干可去除雜味）。

2. 豆干以刀水平片出至少四片，再切細絲。

3. 肉絲以太半粉、鹽、沙拉油醃約 10 分鐘。

4. 起油鍋先爆香蒜末、薑末。

5. 放入肉絲快炒。

6. 豆干絲、辣椒絲放入，快速翻炒（放入肉絲後均保持大火）。

7. 醬油、味醂、砂糖放入，翻炒均勻後放入綠蔥段，略翻炒即可起鍋。

138

無花果藍黴起士開放三明治

第一次吃到好吃的新鮮無花果是在日本！

每次只要一到日本，安頓好之後，第一件事通常是先去超市，不論是長期滯留或短期旅行，我都把自己過得像一個日本在地人一樣，幾乎不去「觀光」、不吃觀光客名店，先略過最流行的、需要排隊的，轉而去挖掘屬於自己的，不論是吃的、喝的，或是私心喜愛的一個小角落。

尤其這十年來，除了疫情之外，每年帶學生去京都上課時，我過得封閉，早餐去喝咖啡，下課後，先回飯店休息，才會再「出門」去買必要品或吃飯。幾次學生邀我一起去景點，我很少去，大部分時間都會泡在咖啡館，有一次甚至帶著需要校對的原稿到京都！

最常也最喜歡到日本的季節是秋天，這時候我喜歡的大部分水果都會出現，無花果、麝香葡萄、柿子等，除了買新鮮水果放在飯店慢慢吃，一上街，從用餐到喝茶吃甜點，這些水果都在季節菜單內，吃得極為豐盛，讓人滿足！

　　每次到京都，幾乎都會去一間茶屋用餐，茶屋供應的是京都おばんざい（Obanzai），京都家常料理。有一年秋天，我在茶屋吃到「無花果天婦羅」，讓我對無花果的好感度爆表。在咖啡廳點了「無花果與葡萄的冰砂」，無花果的好感度又再提升！無花果甜點、無花果大福等，只要在街上看到招牌寫著「無花果」，便心癢難耐，一試再試！大概是太喜歡無花果了，所以不論吃哪一種，都能讓我開心！

　　話說，去年（Y2023）跟年輕時語言學校的同學們相聚，大家約在京都，日本人同學反而問我該去哪兒吃京都料理，我便帶著大家去茶屋，因為太好吃了！日本同學跟主廚攀談時，強調是我這個台灣來的料理家介紹來用餐，於是聊開了，這時，我拋出關鍵問題：「請問主廚，願意教從台灣來的學生嗎？」

　　就這樣，主廚接下了這份邀請，我安排了秋天帶著大家去京都上料理課，那一堂課，我只開出一份餐點是我想吃的—「無花果天婦羅」，其它的課程內容，主廚想教什麼就教什麼，我沒有意見！

　　至於茶屋是哪一間？主廚現在已經離開要獨立創業，我也正等著他的新消息，好讓我再次吃到主廚的手藝！

無花果運用與購買小秘訣

無花果是一種從沙拉、料理到甜點都很好運用的水果,所以當買了無花果時,不用太拘泥於吃法,這天是拿來當作開放三明治的食材之一。

有的時候,我會放藍黴乳酪,藍黴乳酪跟大部分的水果搭配在一起時,都沒有違和感,請大膽地使用它吧!

台灣的無花果多屬於溫室栽種,因此不像日本只有秋天可買到,只要認識水果盤商,不需要一定是秋天,冬天與春天問一下,其實也可以購買,按照水果盤商的說法,台灣其實四季都有無花果的!

| 食材（二人份） |

無花果	3~4 顆	有鹽奶油 或 奶油乳酪	
藍黴乳酪	100g	（任選其一即可）	
開心果	適量	蜂蜜	適量
切片歐式麵包	兩片		

| 步驟 |

1. 歐式麵包放入烤箱或是平底鍋，把表面烘烤為金黃色。

2. 奶油或奶油乳酪塗在麵包上。

3. 放置切片的開心果。

4. 把掰成小碎塊的藍黴乳酪放入。

5. 撒少許開心果。

6. 淋少許蜂蜜即可。

致努力過好每一天的自己
To Myself Who
Strives To Live Well Every Day.

無花果天婦羅

| 食材（四～五人份） |

無花果	四顆
低筋麵粉	300 g
全蛋	1 顆
水	400 ml
炸油	適量

1. 一顆蛋放入 400ml 水，以打蛋器或筷子打成蛋水。
2. 低筋麵粉過篩後，加入蛋水，以打蛋器攪拌均勻，此為天婦羅麵糊。
3. 每一顆無花果分切為 4~6 等份。
4. 將分切的無花果放入天婦羅麵糊。
5. 無花果放入溫度約 180 度的油中油炸約一分鐘即可。

| 天婦羅沾醬 |

日式高湯	200ml
日本淡口醬油	30ml
日本本味醂	15ml

1. 將高湯、醬油與味醂混合均勻即可使用。

Sep. 12

植物的療癒
/花精靈

Good Day Every Day.

　　很多夢想一直在那裡，默默地殷殷期盼著，卻如夏蟬一般，某一段時期會在腦中嗡嗡地響起，似乎在跟自己揮手：嘿！我還在呢！

　　有一個夢想，是我的最初，那就是我一直想成為花藝師。在大學畢業之後開始當上班族之後的決定，即便到了現在也沒改變，對我來說，我不過先踏上了料理之路！但那個最初的夢想，我沒有放下，而那一天，他就如夏蟬一樣，在我腦中不斷發出鳴聲，這讓我想起關於花藝的一切。

　　大學時跟著學姊去幫忙婚禮佈置，手拿鮮花佈置著，讓我開心又投入！於是在校住宿生的我，偶爾假日時，會到松樹下撿松果、努力地扒下

宿舍外牆的爬牆虎藤蔓。

這些蒐集的植材都會放在導師家，導師也住校，學校分配給他的房子就在校園，老師的客廳跟廚房是大家常常跑進跑出的地方，老師只把臥室上鎖，大部分時候門窗大開，就是為了方便大家進出。

老師不在時，我們也會自己泡茶、泡咖啡在客廳聊天，老師的小小陶藝工作室旁，堆著我撿拾收集的花材，動手做花圈、做陶、看老師畫油畫、聽老師講解藝術史，老師甚至還教我攝影，這些養分在我大學四年中不知不覺中慢慢地被滋養，一直到很多年以後的我才明白，那四年對我的影響有多深遠！

決定當花藝師時就認真去上課，剛開始學花藝時沒花過錢，我跟著教會一位老師，她每星期都要為教會主日插花，老師插花前，我到教會去，講台兩邊都要有花，老師一盆、我一盆，老師教給我的是最基礎的歐式花藝，那年代，流行的是海綿插花，後來老師知道我想當花藝師，就更努力地教我。

印象最深刻的是插花老師帶著生澀的我，到當時消費者不會去的濱江花市，把我介紹給每一位老闆，請大家關照我；二十年過去，到現在，還有一位老闆記得我！

幾年前，一位料理課的學生跟我分享她的花藝課，勾起了我以為已被遺忘的夢想，當時就想：不知道手感還在嗎？

那兩年，因為母親生病，我斷斷續續地上花藝課，只有花圈有手感，也許大學時代做過太多花圈了。母親走了之後近兩年，**我進入覺醒的時期，我想要變好！要好好去生活！**

為了將自己自黑暗中，如同向日葵尋找太陽的熱與光，於是開始減肥、開始認真地上花藝課。

我發現只要進入花草中，整理、修剪、插瓶等，就能夠投入得很深，沈浸其中，讓我忘記哀悼的傷痛，面對花草植物，深深地吸一口氣，是大自然新鮮的味道！稀微地流動在空氣、空間中，然後包圍我，全身心被療癒著！

年輕時的花藝，花朵總是擺在正面，而且想要有很多「花」，認為這樣才美；現在做的花藝，花不需要多、以往被稱為配角的各種雜草植物多了起來。是啊！各種植物美妙的身姿讓我更懂得如何順應環境！

我放棄了以往一定要某個方向、某種公式、一定要把花放在正面！現在，投瓶插花做花藝，拿起一支花或植物時，輕輕拿著，看著它，順著它的生長方向，它往東，那麼就讓它往自己最自在的方向去，**不論花草或人，**

致努力過好每一天的自己
To Myself Who
Strives To Live Well Every Day.

都因為成長背景而長成現在的樣子，如果這樣最舒服，那麼就讓它舒服又自在地插入花瓶！

每次只要我運用「直覺」與花草自然的方向插花，總是很快完成作品！而每次這樣的作品都是最棒的！花草歡喜、我也喜歡！

當我們學著順應大環境時，讓心境「自然地變化」應該是最高境界了！我們都喜歡待在舒適圈中，一旦環境改變時，是要抱怨連連、還是在變動的環境中以自己喜歡的姿態順應環境呢？

Oct.15

秋／欒樹

Good Day Every Day.

　　秋天一到，台北市的敦化南路美極了！欒樹的橘紅色蒴果滿滿地鋪在藍天下，好美！

　　好喜歡欒樹！年輕時在天母誠品工作過一段時間，當時忠誠路上的欒樹很多，一到秋天便怒放，似乎昭告天下：我有多美！看到沒！

　　是那時候才認識台北有名的行道樹——欒樹，天母誠品的企劃還曾經就忠誠路的欒樹製作一系列的宣傳活動。

　　隔了二十年，再次重新投入花藝時，心情變得不同，只要走在路

上，時時注意著台北市的各種行道樹，心裡會想著：「啊！這個花材我用過！」、「原來，在樹上時，葉子是這種姿態！」......，除了各種植栽跟行道樹，也開始注意長在各種樹叢、花叢間的雜草，現在的台北花市，可以買到這些「野草」！是現在的我很喜歡使用的花材，讓花藝作品更趨近於自然風格，花藝作品呈現出點、線、面都照顧到的自然感是我這幾年的轉變。

我刻意挑選作品風格與我大相逕庭的老師，為的是打破自己的框架與慣性，其中一位老師每次搭配花材總是別出心裁，大家不會配在一起的花草，她總是破格地放在一起，每一次上課，看到花材的那一霎那，像打開驚喜包，面對從來不搭配在一起的素材，打破我的既定印象，在腦中努力發揮 3D 立體想像圖，到底該怎麼做呢？相較起來，年輕時的我所做的花藝，實在小兒科啊！

秋天到了，老師搭配的花材又是一場驚奇，秋天的欒樹美不勝收，每個人來個一把，卻又搭配不常用的扁軸木與大莎草，「啊！太特別了！」我在心中暗暗讚嘆，這要怎麼做呢？每一堂花藝課都打破我的固有思維，文心蘭、火鶴、大莎草、扁軸木與欒樹組合 ......。

來吧，盡情地挑戰自我，不論給什麼花材，都要能做出好作品，才能了解自己對美感的極限在哪兒，才能體會自己的想法怎麼編織如詩如畫、或聚焦細節、或大鳴大放。

清燙雞肉與蔬菜 佐 柚子醋醬

母親剛過世時，迎來疫情的高峰，我理直氣壯又理所當然地把自己關在家裡，因為心情低盪與作息不正常，不需出門也不用打扮，把自己的生活過得陰暗，大約兩年前，在一連串的自我覺察中驚醒，從心理到生理，開始整治自己，每一件事都需要振作真的很花力氣，除了費力，還需要意志力！

身為料理家，「吃」或者「試吃」是我無法避免的工作，必要的料理試吃之外，日常飲食盡量吃簡單的食物，簡單的食物於我而言是，「對」的食材與「簡單」的烹調法，除非為了料理課程的需要，課程之外的我，開始進行吃得少、但吃得好！我的「吃得好」的定義是，「美味」、「能吸收」為主，因為開過刀的身體已經無法吃所謂的粗食如五穀飯會讓我消化不良，好吸收、不容易脹氣是我的優先食物清單！食材的選擇之外，「清燙」是我最常使用的烹飪技巧，但是越簡單的事情其實一點都不簡單！「清燙」的食物要有豐富的滋味，第一個重點是食材的好壞，這一份料理，我選了仿土雞，是我平日習慣也喜歡吃的，教室附近的永春市場可以買到台東的仿土雞，以減肥來說，大家都會選雞胸肉，但我對雞胸肉無感，雖然

我曾經應學生要求，教了非常嫩口的雞胸肉沙拉，不過從小到大，我只喜歡吃雞腿肉，即便是減肥，我還是吃雞腿肉！

說「清燙」也不完全是以「清水」燙煮雞肉，在這裡，我經常運用日式家常菜的技巧，使用高湯來燙食材，通常我選用日式高湯，先燙煮雞肉，按雞腿肉的大小燙到想要的肉質軟度，蔬菜與菇類也如此清燙，取出後瀝乾盛盤，配上完全不油膩又提味的日式柚子醋醬即可。

| 食材（一至二人份） |

切塊雞腿肉 一份 按每份食材所想要的熟度決
娃娃菜 3~4 把 定清燙的時間即可撈出成盤。
鴻禧菇或白菇 1/2 把
日式高湯 適量

| 柚子醋醬 |

市售日式柚子醋 1.5 大匙
本味醂 1 小匙
清酒 1 小匙

　可視個人喜好放入少許薑末或蔥末或甚至是七味粉，當然，什麼都不放也可以。

　若想吃得更清淡，我生病時也會這樣，可以加入少許開水稀釋上述的醬汁中，加多少視個人口味調整即可。

蒜片脆皮鮭魚

　　有一陣子，常常吃鮭魚，大家應該也是這樣吧！有時候難免會有這種心情，就是某一段時間特別想一直吃同一種食物，我偶爾會出現這種現象，然後就會出現某個食材的七七四十九變，不過，我最喜歡的吃法還是乾煎，可是，這乾煎也有方法的，料理鮭魚最重要的一點，就是不能讓鮭魚變得乾柴無汁，這樣很難入口，頭幾年上料理課時，常出現鮭魚菜單，幾乎每次我都會用同一種方法教大家，鮭魚調味後，放入熱鍋中煎時，皮面先下，務必大火，主要是讓魚皮煎出酥脆感，然後翻面只短短地煎一會兒，只要表面上了金黃色，馬上果斷地起鍋，這時候的鮭魚，內部尚未熟透，取一張錫箔紙，把鮭魚包起來，包的方式不是保緊緊，是內部留有很大的空間，讓熱空氣可以流動，這些熱能會讓鮭魚內部慢慢熟透，切開時，雖然看起來還像是生粉紅色，不過，只要你選購的鮭魚夠新鮮，這樣是沒問題的！

　　每次做鮭魚料理，我都使用起鍋保溫循環法，讓鮭魚內部自己熟透，如果鮭魚在包裹過程中，魚皮變軟了，那麼再把鍋子燒熱，煎一下魚皮，就能回復酥脆狀態！

　　請一定要試試這樣的做法，這是一個沒經驗也能夠成功的小秘訣喔。

　　每次料理鮭魚時，也會順手做好沙拉，沙拉樣式多變，可以使用水果一起搭配，或這次的沙拉使用藍黴乳酪當配角，撒少許鹽、淋初榨橄欖油即可。

| 食材（二人份）|

蒜頭	3~4 瓣	黑胡椒	適量
鮭魚	2 片	茴香葉	少許
鹽	適量	檸檬	1 顆

| 步驟 |

1. 蒜瓣去皮切片，放入小油鍋中，從中溫開始炸，顏色轉淡金黃色即取出。

2. 鮭魚表面撒少許鹽、黑胡椒。

3. 鍋子高溫燒熱後，放入鮭魚，皮面先下，等皮煎到酥脆時，翻面。

4. 茴香葉先放置於錫箔紙上。

5. 翻面過後，另一面煎至表面金黃，起鍋。

6. 馬上放置於錫箔紙的茴香上，鮭魚表面也放一些茴香葉，留給鮭魚的空間大一點，像一個小房間一樣包好鮭魚。

7. 準備生菜沙拉、檸檬角。

8. 包鮭魚的時間大約 10~15 分鐘，鮭魚取出後若皮已軟化，可回鍋煎一下皮面。

9. 盛盤時，放入炸蒜片，並以新鮮茴香裝飾。

CHAPTER
WINTER
冬

時序進入冬天，小時候怕冷，
不愛冬天，年紀漸長，學會品味冬天的寒凍與冷冽，
像一個冰冷美人，清冷自傲。

現在台灣的冬天已經不像冬天了，
我居然回憶思念起小時候那樣常常有寒流的冬天！
因為在那樣的溫度中，吃著有溫度的料理，是一種幸福！

Nov.12

討厭的練習
／慢慢變喜歡

Good Day Every Day.

　　為什麼我小時候不愛冬天呢？記得有一次寒流來，那是我小學時候的
年紀，媽媽怕我們冷、怕感冒，出門上學前，每個人像是綁粽子一樣，塞
了一層又一層，看起來很臃腫，那年代沒有發熱衣，沒有羽絨衣，每一件
衣服都很厚！到了學校，我數一數穿了幾件？居然有八件之多，真心佩服
媽媽很會塞！小學時代的冬天記憶除了冷、就是冷！

　　現在卻懷念起那樣的冷，不想要如氣象說的：「餘生都是最涼快的一
個夏天」、「餘生都是最冷的一個冬天」！人都是這樣啊，陰也是怨、晴
也是怨。現在的我，希望自己想怨的時候就怨、想哭的時候就哭，然後很
快地讓情緒只是經過，不多停留。

花藝課中，我喜歡的挑戰是「討厭的花材」！

每個人都有自己討厭或不喜歡的花材，老實說，我就不喜歡到處可看到的花束搭配「滿天星＋紅玫瑰」，因為極不愛這個搭配，讓我直覺傾向討厭紅玫瑰與滿天星。實際上，它們的本質就是「紅玫瑰」與「滿天星」，為什麼要討厭它們呢？它們是哪裡惹到你？當我自問時，真說不出原因或理由啊！！

老師明白大家討厭「滿天星＋紅玫瑰」，也許太常見到它們經常被沒有美感又制約地包成花束，於是，我們有兩堂課是「討厭的練習」，一堂給你好多玫瑰，這一堂給我們好多滿天星，而且規定要用多少以上的滿天星！老師教課沒有範本，你要怎麼做花藝，完全靠自己的想像！

這一堂課，我終於突破自己內心對討厭花材的框架，做出不一樣的滿天星作品，不論是堆疊滿天星，或偶爾有幾支滿天星從繡球花中穿出來，有的花不需要很顯眼，要的是它在後面若隱若現，或者有一兩支特別凸顯跳躍的線條，從花叢中跳脫出來。

你有討厭的人事物嗎？我們都有！但是，我們可以學習在討厭中，用另一種角度來看待自己所討厭的部分，當然，並不是一定要消除這個的討厭的感受，而是練習「在討厭之餘，以旁觀者的態度來面對」，旁觀者的心情通常是平靜的，我們要練習的就是「平靜地」對待討厭的人事物，當

能做到時，會發現自己內心的沈穩與平和，就算是討厭，也能微笑面對、從容以待！

我的習花來到最擅長的花圈，極度喜愛這個自己手綁的全綠自然花圈，一直嘗試這個風格不同於我的老師，因為她搭配花材的跳躍思考超過一般人，總是以一種讓人驚奇跳出框架的出格搭配，眼目一新！

做這個花圈時，我也一樣不想太多，其他同學多是做半圈，想要留白一部分，我也喜歡那樣，不過以前我做過很多類似的，加上這次材料不同以往，我認份地綁著一小束、一小束的組合，然後拉出線條，做完後，微笑地欣賞它，我又突破自己的想像限制了！

醬拌春菊

小時候，只要到了茼蒿的季節，媽媽常常做這道菜！每次吃飯出現這道菜時，父親便取笑「打某菜」來了！這一道是媽媽的代表作之一，用我現在的料理觀點來看這道菜，其實，這一道非常有日本家常菜的影子！

母親做菜極有天份！她到餐廳吃了什麼喜歡的料理，會記住它，在腦海中演練一次，回家就可以做出來了！媽媽因為這樣做出來的料理有日式烏龍麵、日式蛋包飯、咖哩飯、玉米濃湯、擔仔麵等。

那是一個不像現在物資豐饒的年代，那時候的一般人家，都是小康或剛剛好地過著日子，我們家也是一般人家，吃的卻不一般，只因為母親有神奇的味覺記憶與料理技巧，如果說烹飪技巧可以遺傳的話，說不定我得到的就是這一部分！

我也非常喜歡復刻在外面餐廳或小吃攤所吃到的菜色，每一次到京都，我必定會有一餐是到異國料理、但使用傳統京都食材為訴求的餐廳！

　　吃著這些料理，心中一直反思，如果是在台灣，我要用什麼食材來做，所以我的日式料理課、韓國料理課、義大利料理課，經常可以見到台灣傳統市場常見的食材，但是要求自己要做出真正道地的日本味、韓國味等！除了是食材的採買對學生來說，方便為主，還有許多的理由，比如說食材碳排放等；料理教室成立以來，有幾次是日本的料理家到我的教室客座開課，明明日本人在台灣買的就是傳統市場的食材，卻還是可以做出日本味，我的料理課也屬於這樣的範疇，使用台灣的食材，做出道地的味道，才是標準。

　　冬季的「打某菜」茼蒿可以使用這個醬汁之外，春菊當然也可以，青江菜、芥蘭菜等也可以變化著做。

| 食材（二人份） |

蒜末	2 瓣	香油	1/2 大匙
醬油	2〜3 大匙	柴魚片	1/2 杯
味醂	2 大匙	茼蒿	600g

| 步驟 |

1. 茼蒿放入滾水中川燙。

2. 碗內先放入蒜末、醬油、味醂。

3. 燙好的茼蒿趁熱放入碗中，讓熱氣把蒜末的衝味變得柔和。

4. 加入香油一起拌勻，最後撒柴魚片即可。

媽媽的土魠魚飯湯

我是台南人，台南飲食有許多湯湯水水，是的！我從小就愛喝湯，而且每餐一定要有熱湯，台南的湯文化是歷史、文化交織出來的！媽媽的餐桌，一定會有一鍋湯！好像沒有湯就無法開飯一樣！

我承襲母親的慣性，可以不吃米飯、不需要肉，但餐桌上一定有湯與海鮮！好想念好想念媽媽的餐桌，走筆至此，又淚濕眼眶，再也吃不到的味道是永遠的遺憾，於是，開始做著母親的菜，能做多少是多少，能復刻的我努力著，把記憶中最棒的味道還原到自己的餐桌，甚至也教了媽媽的菜給學生們，那些屬於台南的思鄉愁，應該會散佈到各個學生的家吧！

喜歡吃飯湯，長大後漸漸知道，飯湯是許多南部人的靈魂療癒食物，媽媽牌有兩種飯湯，我都喜歡，難分軒輊，這兩種飯湯也都拿出來教學生，根據我對上過課的學生的調查（或觀察）只上過一堂飯湯的人，都喜歡當天那一道飯湯，兩種飯湯都學過的人，通常跟我一樣，說不出排名先後，本來就無法分啊！因為一個飯湯屬「海」，是土魠魚飯湯，另一種飯湯屬「山」，是香菇飯湯！不只屬性不同，而是這兩種飯湯都「很靈魂」，所

以難分軒輊！

　　飯湯與鹹粥是完全不一樣的料理，鹹粥是把煮熟的米飯放入已完成的主料高湯中，略為滾煮，飯粒還能看到米粒的形狀，但米粒的周圍已經開始分解，一部分的澱粉進入高湯中，所以有微微的稠感，但很清新，不同於港式煲粥的米粒全化呈現糜乳狀的粥，飯湯則是與日本的茶泡飯一樣的型態，只要加入主味的高湯（或茶湯）到白飯中即可，所以吃飯湯的時候，湯是湯、飯是飯，壁壘分明卻又巧妙地合拍，而且跟鹹粥、港式煲粥一樣，很容易入口！

　　現代人吃飯或生活，經常需要「儀式感」讓自己感覺到小確幸，想起小時候，媽媽的餐桌就已經有儀式感了！母親忙碌，飯湯不可以讓飯泡在湯中很久，否則不好吃也容易冷掉，媽媽牌的飯湯在家中的呈現方式，我也一模一樣地在教室課堂上呈現給學生看，瓦斯爐上小小火保溫著已經調味好的高湯，要放入高湯中的主料與輔料，一字排開在高湯邊，回到家的人要吃飯湯時，自己盛飯，也自己選好主料與輔料，喜歡的食材可以一次多放點，然後才加入高湯，自個兒端到飯桌上吃將起來！

　　在我家，飯湯與台南擔仔麵都是一樣的呈現方式，（對喔！媽媽在家也會做台南擔仔麵。）我上料理課時，把所有做好的高湯、主料與調味料等，也是一字排開放在中島上，跟學生解釋這是我小時候、媽媽的做法，大家也遵循著我家的模式，自己想吃多少飯、想要多少湯等等，一一自己

做好，幾乎每個同學都會續碗，跟我家一樣！

　　續碗！我減重期間很少吃澱粉，但是上飯湯料理課的那幾堂，我也續碗啊！

| 高湯食材 |

豬骨 (飯匙骨)	650 g
帶肉排骨	300 g
鮮蚵	600g
水	2000ml

| 步驟 |

1. 飯匙骨與排骨放入滾水，川燙至少五分鐘，取出洗淨。
2. 撒約半杯麵粉於鮮蚵上，加入水漂洗，麵粉糊會帶走鮮蚵隙縫中不容易清除的髒污。
3. 飯匙骨、排骨、2 公升清水放入鍋中，水滾後轉中火，在高湯鍋中將鮮蚵放在濾網，燙熟鮮蚵取出備用，然後轉到最小火，保持微滾，此即為高湯。
4. 高湯以適量的鹽調味即可。

| 食材 |

土魠魚	1~2 片
白飯	適量
蒜酥	8~10 瓣
芹菜末	2~3 支
白胡椒粉	適量

| 步驟 |

1. 土魠魚片兩面撒少許鹽，起油鍋，土魠魚煎熟並且兩面呈金黃色，取出後使用湯匙，將土魠魚分成小塊狀。

2. 蒜瓣 8~10 瓣，切細末，在小鍋中放入約一杯油，從冷油開始加熱，稍微加熱就放入蒜末，保持中小火炸蒜末，蒜末一開始轉淡金黃色，即撈出放於吸油紙巾上，再轉移放入小碗中。

3. 台灣芹菜去除葉子，切細末。

食用時，於大碗中放入白飯、土魠魚塊、燙好的鮮蚵、蒜酥、芹菜末、白胡椒粉，再將高湯舀入碗中即可。

　　冷凍食品與宅配發達的這個年代，學生介紹我買魚的好方法，先聯絡好南部捕捉土魠魚的船夫，補到土魠、電話確認後，就把處理乾淨的一整隻土魠切片、分別真空包裝冷凍，保存在漁夫的冷凍間，需要幾片時，電話聯絡便寄到北部，學生需要寄送前，偶爾問我，我也連帶福利能在沒有土魠的季節時，可以吃到土魠魚！

吻仔魚雞絲粥

爐子上有微微的咕嘟聲，小火慢煮一鍋粥，吃粥最要緊的，是那濃糯綿滑的米湯，要有這米湯，必得從生米開始煮，水多了，米湯薄稀如水、淡而無味，水少了，米粒無法在鍋內好好翻滾沐浴，除了容易煮糊，就算後來再加水，也會稀釋了米湯，就像山寨版，只圖個表象，一樣不好吃；水量多寡、火大火小、砂鍋鐵鍋，都是因素，不好拿捏，以為煮出好喝的粥很簡單？尋常的事物也有不簡單的枝微末節。

小時候，母親就是這般重視煮粥，母親喜食清粥小菜，每隔一段時日，晚餐便會出現，她最在意的，就是那粥湯的多少，若是忙碌，沒顧著火，米湯越煮越少，父親或我們總說，加水就好了，母親說那樣就是不對、不好吃；水多了也不行，她說，要煮出「盎」，是台語中所說，那濃稠有度、濡糯十分，已將米的澱粉質釋入了米湯，不是台北那清粥一條街水水的粥湯，也不是廣東粥那樣，煮成糜而無成型米粒的濃米湯，應該要介於兩者之間才是；這之間的也有講究，母親偏愛米粒尚完整的粒粒皆分明之大珠小珠落玉盤，我則愛米粒開始分解卻又欲留姿態、欲走還休的可愛。

只是粥，簡單卻也不簡單！

我一個人煮粥，很少做成清粥小菜版，每次準備幾種小菜，每一種小菜總有剩餘，後來覺得麻煩，所以通常把食材按照所需時間，一樣一樣地放入粥內，最後調味，這粥，不像台南的鹹粥，台南鹹粥的米粒分明，米湯只有淡淡的濡糯感，可我的粥也不像港式的濃稠米湯的粥，是介於兩者之間的版本，放入的食材更是天南地北，基本上很多時候是清冰箱，把可以放入、又互相搭配的食材煮進粥內，這是我的療癒食物，許是因為小時候常常被媽媽的清粥小菜、台南小吃的鹹粥餵養長大，所以「粥」對我來說，不止是生病補體力、也是疲累時補精力、更或者是身體的思念而需要這樣的一碗粥。

| 食材 |

雞腿清湯	800ml~1000ml	鹽	適量
雞腿	一支	芹菜末 或 細蔥末	適量
米	一杯	白胡椒粉	適量
吻仔魚	1/2 杯		

| 步驟 |

1. 米洗淨後,放入雞清湯中慢煮成粥。
2. 雞腿清湯中的雞腿肉拆出撕成細絲或小塊。
3. 雞肉絲放入粥內,再放入吻仔魚,煮 5~10 分鐘讓所有食材融合味道。
4. 加入適量的鹽調味。
5. 盛碗後,再加芹菜末或細蔥末,撒白胡椒粉即可。

TIPS

小小隻的吻仔魚味道好又細緻,我只在特定的超市購買,吻仔魚有鹹度,所以一定要先加入粥內,才可進行加鹽調味的步驟,免得過鹹。

| 雞腿清湯食譜 |

帶骨仿土雞腿	一支	乾干貝 1 大匙（我使用碎貝，
高麗菜	1/4 顆	沒有沒關係，或者小蝦米、
洋蔥	1/2 顆	乾魷魚等會產生鮮味的食材
胡蘿蔔	1/2 支	都可以使用）

| 步驟 |

1. 雞腿放入滾水川燙至少五分鐘，取出以冷水洗淨。
2. 全部食材放入鍋中，加清水 1500 公升。
3. 大火煮滾後馬上轉到最微小的火，讓湯表面微微滾著，煮到雞腿熟了即可。

TIPS

此份食譜會做出雞清湯、與所需要的清燙雞肉，是忙碌的人可以做很多應用的雞湯食譜。

Dec.22

送給自己一個新世界 ／內外平衡

Good Day Every Day.

空環中最入門的動作，是坐在空環上全身肌肉都在用力，核心把身體挺直、撅著屁股，手向上舉而未抓環，只能「坐」！

這動作感覺上是不是覺得好像隨時會掉下去，畢竟，你只能「坐」在那細細一圈環最下面的位置！感覺很危險！不過，這個基本的動作，連第一次上環的新鮮人都做得到，這個平衡很微妙，我們的生活也可以這樣地平衡嗎？

在我大覺察之後，花了兩年的時間調整內在的自我、外在的飲食控制，飲食控制過了將近一年半後，開始加入運動，「運動」這件事對我來說很

神奇，也很新奇！因為除了在學時的學校運動會之外，我是完全不運動的人！

真正運動之前，多年來大家都會說運動很重要、是往健康的路該走的步驟之一，學生們常常跟我聊這些，我非常排斥！還信誓旦旦地在眾人面前說：「一輩子絕對不會去運動！」

但是，減重一年半之後，身體到處出現的贅皮非常困擾我，諮詢過醫師，體質與心理都無法接受手術去皮的風險，這時候只好、也只能靠運動把多餘的贅皮慢慢變緊實而消除！

除此之外，所有關於情緒的病，只要能做到規律運動，至少病情會緩解，所以在各種情況的壓迫之下，我正視「運動」這件事，即便一開始的我非常討厭！

當我想做「運動」這件事時，先找了離家最近、環境也喜歡的教室，去上了空中瑜伽，然後上帝又送來了天使，有個學生主動帶我到也是住家附近的健身房，先陪我運動！

關於瑜伽教室這裡，原本，我想上的是舞綢，不過，我的教室難、易等級劃分嚴格，我必須先從空中瑜伽開始上，某一天，我準時來到瑜伽教室報到，老師莫名其妙於我的到來，「你來上空中環嗎？」我心頭一驚，

哎呀！我看錯報名到空中環來了，不止身體，我的心臟都顫抖了起來！

有耐心的老師，在教其他同學之餘，讓我以最簡單上環的方式、又另外花時間教我最簡單的幾個動作，從此，我愛上了空中環！

不論空中環、空中瑜伽或是舞綢，都講求全身肌力的深度運用與強大的核心，50+ 才開始運動的我，又加上幾年前的腹部連續兩次開刀，而且我是一個一到空中就左右分不清楚的人，剛開始的兩三個月，一切對我來說真的很難（其實現在還是覺得難）！

在教室我年紀最大、又是一隻弱雞，不想也不希望拖累別人的進度，於是，平常能自我練習肌力與核心時，我盡量自己鍛鍊與練習拉筋！自我的練習對我來說並不陌生，小學時代的我曾學過一兩年芭蕾，雖然不是特別喜歡芭蕾，但是芭蕾的優雅肢體確實會被身體記住，當時年幼的我應該只是喜歡芭蕾舞者的服裝與硬鞋！在身體核心使用力氣時，肢體末端卻要表現柔軟與優雅是芭蕾舞的特點！我的肌肉記憶還存在著這樣的感覺！

每次在空瑜、空環及舞綢中，看老師表現出柔軟與優雅，換成自己上陣時，總發現實際核心與肌力的使用上很大，大過於在健身房的訓練，後來在上健身房的教練課時，我會拿著空環影片跟教練討論空環動作的細節，哪個部位因為使不出力量，所以落差在哪兒，針對我需要加強的部位刻意訓練！

在這樣的年紀才開始運動，是有點辛苦的！加上長年來料理工作的各種身體傷害，我盡量在許可的範圍之內，做最大容許量的運動。大概過了半年，我才慢慢建立「運動」這個習慣，每個人養成習慣的時間不同，不過，只要你願意走出門，開始建立屬於自己的習慣，再晚都來得及！

我的又日又台的餛飩湯

　　因為習慣教做各國料理，課程外的我，煮給自己吃的經常是各種融合的菜，有時候是測試特定的調味料，也有些時候是必須清理各種食材；珍珠小餛飩是我冷凍庫中經常準備著的食物，可乾拌做成紅油炒手，也能使用高湯做成好喝的餛飩湯！

　　我的餛飩湯的高湯通常是日式高湯，也就是昆布與柴魚所煮的高湯，如果是料理課剩下的高湯，我便是有什麼用什麼，可以選擇的話，做餛飩湯的高湯雖然是日式高湯，但會是強調昆布風味的高湯，針對主食材去調整高湯中的食材比例經常是我上課時所講的重點，教日式料理時，尤其重視這一點，哎！扯遠了！

　　回來高湯，有什麼就用什麼的高湯當然都可以做餛飩湯，如果是我感冒生病或需要滋補的時候，會使用雞湯做餛飩湯，請客人吃餛飩湯時，我會在日式高湯或雞湯中加入乾干貝萃取的湯汁。

　　曾經有一位客人說，這是他一生中喝過最好喝的餛飩湯！對做菜的人

來說，這大概是最棒的恭維了！所以，你也可以把這一道湯當作你家餐桌上因應各種情況所烹飪的湯品，可濃可淡、或奢或簡，就如同我的餐桌一樣！甚至，只是因為今天天氣好、或者今天天氣不好，想要怎麼吃喝餛飩湯，由你的心情來決定！

| 餛飩湯食譜 |

日式高湯	適量	鹽	少許
珍珠餛飩	數顆	味醂	少許
雞蛋	1~2 顆	香油	少許
紫菜乾	適量	白胡椒粉	少許
蔥	少許		

| 步驟 |

1. 雞蛋打散，放入煎鍋煎成薄蛋皮，蛋皮切細絲備用。
2. 高湯放入鍋中，小火保持略滾。
3. 起一鍋滾水煮熟餛飩後，放入高湯鍋中。
4. 適量鹽與味醂加入調味，熄火前放入香油。
5. 盛碗後放入蛋絲、蔥末、紫菜乾與白胡椒粉。

Dec.30

溫暖聖誕
／冷暖自知

Good Day Every Day.

　　我喜歡聖誕節！十二月一到，整個城市便瀰漫在聖誕氛圍中，每個人不管是不是教徒，都沐浴在這股溫暖，即便是冷冽的冬天！

　　從初中到大學，我一路讀的是教會學校，過聖誕節對我來說，像是農曆年一樣重要且必要！大學開始，我每年都會做聖誕花圈，那年代的花藝，沒有「聖誕花圈」這件事，只是因為我讀的是教會學校，所以自然而然信手捻來，十二月時，我會剝下宿舍外牆的爬牆虎、在學校內撿拾松毬，一切取材於自然，現在我都忘了年輕時做的花圈的樣子了！倒沒有想到，近十年台灣的花藝非常盛行聖誕花圈，做過那麼多花圈，也許因為我喜愛料理，所以最喜歡的是果實纍纍的花圈，那種可以看到辛苦後的豐收與滿足

的各種果實！

年底的感恩節與聖誕節對我來說，就是收獲甜美果實的時刻，總是在年底時，那些一整年的回憶，經常在無意間上了心頭，一年份的愛與愁，都化為調味料，炊煮成我想要的味道。早前十幾年，還有動力邀請一些朋友來參與年底的聖誕家宴，在聖誕輕音樂中伴著佳餚、美酒與各種興頭上的歡聲笑語。

也幾乎每一年的十二月，料理教室就會開出聖誕餐點或麵包課程，讓大家沈浸在滿滿的聖誕滿足喜悅中！這幾年，因為疫情少了聚餐之外，這一路走來的生病、壓力與母親病逝的傷痛中，無心聖誕家宴，疫情過後，倒是迎來一場小小、溫馨的聖誕家宴！

隨手清冰箱的 Cheese Board 起士拼盤，各種冰箱剩餘的起士、連同生火腿、香腸、水果、堅果一起堆疊在蛋糕台上，義大利西西里島魚湯、一道嫩煎雞排，我在廚房，手不停地起落、腦子則專心想著中島上每一道料理的優先順序，突然一杯酒進入我的視線範圍，是朋友在嚐了一口醬汁的味道後，認真地挑選佐餐酒，一邊醒酒、一邊打開音樂，還順手點好蠟燭，蠟燭是花藝課的聖誕餐桌花！我欣然接受，一杯在各種心情醞釀熟成的美酒中，我們一邊喝酒、一邊做料理，音樂再次響起，是快樂的旋律，朋友將我手中的鍋鏟拿走，執起我的手，隨著音樂輕鬆跳動，這真是一場聖誕家宴的最佳前奏曲！

料理教室十餘載，每年都是不一樣的聖誕菜單，未曾重複！每年做的聖誕花圈，可以乾燥的都保存下來，大約十一月底，我開始整理這些花圈，一一檢查，蟲蛀掉的重新補上，沾染灰塵的、輕輕清潔，每年變換著每一個花圈不同的位置。

除了花圈，還有收藏的聖誕餐具，也一併擦拭，放在料理教室不同的角落，每年也總還是要增加一個新的聖誕花圈，找最顯眼的角度擺放，這些作業從十一月底持續一個多月，到隔年的一月初才會結束，是每一年的生活儀式！

每一年的心情轉變都在這片風景中悄悄地現蹤，心情好的那一年會出現許多紅色裝飾；心情沉澱的是白色聖誕，特別有心得的那年是銀色妝點，也有低盪時期的藍色風格。

還有一年，我丟掉全部的花圈……我在自己的聖誕風景中，看到自己一路走來的路，有崎嶇也有平穩，有微風輕拂也有狂風暴雨，在困難中，常常哀怨，然後在曙光中，充滿信心，這些所有的生活痕跡，年復一年，都在聖誕時節中重新放下、重新開始。

也許不一定要是聖誕時節，找一個屬於自己的蟄伏時空，在那個時空，會更新自己、成為更好的自己，或者不努力、只是等待也必然有它的意義！

Jan. 05

基礎
／穿著Prada的惡魔

Good Day Every Day.

今天因為穿著被稱讚，讓我回想起當年秘書工作的經歷。

那一年，電影《穿著 prada 的惡魔》上映，我的前任興沖沖地打電話給我，「妳一定要看一部電影，我看過了！但是我願意陪你再去看一次，因為那完完全全活脫脫是妳的工作寫照！」

「是嗎？就這麼值得讓你再看一次？」

「絕對是！妳看了就知道，那個女主角就是妳！」

我欣然赴約，他也真的陪我再看一遍，從電影院走出來時，我有點恍惚，真得太像了！我確實曾經是那個角色，我也如女主角一樣，最後選擇離開，但我不是率性地離開，是一種黯然神傷的離開！

如果問我要不要再經歷 Prada 惡魔老闆，其實，我的答案超乎一般人想像，我，是願意的！

是的，在工作的當下，每天的高度緊繃與老闆的凌厲眼神都把我壓榨成乾，晚上拖著疲累的身體、但精神還保持在時刻警醒的狀態回家，因為如同電影一樣，晚上也經常接到老闆電話，手機魔音一響，我從沙發上躍起、馬上變換聲頻，一個有力、高亢的聲音接下每一通讓我緊張的電話。

曾經有一次，老闆問了兩個星期之後她有哪些會議？我一時沒回答出來，當然，像 Miranda 一樣，老闆冷冷地回答，「No no, that is not a question.」從此，每天晚上，我會印下一整個月、隨時正在變動的行程表，以及重要的一些檔案、我讀不懂的充滿著各種專有名詞的原文電子郵件，以備「臨時抽考」的不時之需。

這是一個非常專業的團隊，要帶這樣一群菁英的團隊，身為他們的老闆，凌厲的攻勢就像一代武林高手，每招都是殺招、每招都狠！我是老闆的秘書，老闆對我的要求不是只有工作，她讓我管理所有檔案、甚至包含薪資檔案、老闆的提款卡密碼等，我的嘴巴不只是要緊而已，還要洞悉同

事們的帶話風向或是巧言逼供，我不能只跟某個同事「看起來」比較好，這樣也許會被認為老闆只喜歡哪個人，我要張弛有度地跟每個人保持適當、友好又不過分親密的距離。

我說的話有可能被當成老闆的聖旨或是暗示，每一句話都要推敲演算好，才能說出口，對於同事之間的競爭，我有時候要視若無睹或甚至巧妙地傳達聖意，拿捏的準度最好能達到一公釐為單位。

除了工作上的要求，如同電影一樣，剛開始，我也是隨意穿衣服去上班的，雖然我的母親對我的工作衣服有嚴格的要求，比如：絕對不可以穿牛仔褲、拖鞋、運動鞋去上班，當時的我就是維持著媽媽的標準，但是，老闆之所以是老闆，要求當然更高。

一天早上，我如常地恭敬坐在她面前，報告著工作要點，她的頭連抬都沒抬起，只用眼神掃過來：「妳今天為什麼沒有擦口紅？」這真是太驚嚇了，那眼神，連男人都會顫抖！在我不知道心臟病發作過幾百次後，我的服裝越來越標準，標準到老闆偶爾會稱讚我一下，想想當時，連她的稱讚，我都要思索良久，老闆是「真心稱讚」還是「需要我再改進」？！

除了老闆的工作行程，生活中的帳款也由我處理，她說沒現金了，我就拿著她的提款卡幫她領零用錢，各種生活費用也由我轉帳，某某的生日到了一定要提醒她，只是同事的生日還無所謂，老闆的母親、老公生日，

我都會加上紅字提醒。

　　就那麼一次，我在一星期前提醒她老公生日快到了，要記得準備禮物，老闆太忙了，真的忘了，她「應該是」非常生氣，我的再次提醒是前一天，我在前一天問她：「老公的生日禮物買了嗎？要替妳包裝嗎？」她先愣了一下，但隨即以凌厲的眼神說：「你怎麼沒早點說？！」我故作鎮定回道：「沒關係！沒關係！您先開會，我去準備！」我衝到百貨公司，挑了一件外套，非常謹慎地要專櫃小姐保證，會包得非常美麗！然後拿走專櫃的目錄回公司；老闆第一眼看到包好的禮物又生氣了，「都包起來了我怎麼知道禮物長什麼樣子？」我快速地遞出目錄，讓她了解外套長什麼樣子、模特兒穿著它有多帥！她還是不滿為什麼已經包裝好了，我只能打圓場，「不包裝現在都已經晚上幾點了，會來不及，快去餐廳吧！」其實，她是一個好太太，所有的嚴格與凌厲都用在工作，她對家人是很好的！

　　話說，如果時光重來一次，我還是願意當她的秘書！因為老闆的專業要求，我成為一個組織能力很好、工作效率快速的人，複雜的事情到了我手上，我就是有辦法簡化成大家都能理解的，幫助我在成為料理老師講課中的最重要特質！雖然我的個性不適合在公司勾心鬥角，但是若是我願意做，我也可以成為城府深、心機重的角色！

　　對於我這種直腸子的人來說，這份工作是我職涯中的最高壓，但也造就我最多，把我塑造成今天的樣子，讓我可以一個人打理料理教室的一切，

也是這一份工作，讓對容貌非常自卑的我，因為注意自己的裝扮，而慢慢接受了自己的外表，更是這一份工作，讓我知道，我自己可以做到什麼程度！

　　謝謝親愛的老闆，**如果沒有惡魔就沒有重新開始認識塑造不一樣的自己！**

Jan. 10

容貌的美麗與哀愁 ／年紀

Good Day Every Day.

在醫美當道的這年代，許多醫美診所鼓吹著樣板型美貌的標準，雙眼皮水靈靈的大眼、高挺的鼻子、剛剛好的豐厚嘴唇、微微上翹的嘴角、白皙透亮的皮膚、找不到一絲細紋的臉龐等等，我會注意醫美的消息其來有自！

從小，我有記憶以來，不論是在自家、去奶奶家、到外婆家，每一個人看到我，都會說：「哎～長這麼醜，以後怎麼辦？嫁得出去嗎？」這樣的言論，我從小聽到大，父母兩個家族的人，沒有任何一個人例外，只要看到我，不論是憐憫的語氣，或是稍帶揶揄的口氣，都會把我從頭嫌到腳，因為這樣，除了一家人的合照和小時候的出遊照之外，我幾乎沒有大學以

前的照片。

　　兩個家族「傾其全力」地踐踏我的自尊之外，我的父母親也是從我小小孩時，說著同樣的話。我印象非常深刻的一件事，是我小學三年級之前的事，因為我們那時還住在奶奶的像京都町家一樣有深深庭院的房子，有一次母親生病，睡臥在榻榻米上，我在旁小聲玩耍，母親像是做了惡夢一樣，突然轉醒，我轉過頭來看她，媽媽摸摸我的臉，用愛憐的聲音說著：「妳長大後一定要好好地存錢，然後去整型，把自己的鼻子做得堅挺，這樣以後才會漂亮！」那時，懵懂的我，一直不明白這些話背後的涵義，長大後漸漸知道，我的外貌是不被所有人認可的！

　　有好幾次，我做錯事，被罵的言語中，不只有做錯事的挨罵，十之八九，挨罵時會伴隨著：「就是因為妳長得醜，所以才會怎樣又怎樣。」另一件印象更深刻的是，一次在某姨丈的婚禮中，當花童的我與姊姊，兩人一起坐著禮車出發，姨丈用非常厭惡我的表情跟口氣罵我：「長這麼醜，還來當什麼花童，看了就討厭，妳怎麼不下車趕快走？！」當時的我，根本沒有說話也沒有任何動作，更沒做錯任何事，只是好好地坐著也被討厭！

　　兒童到青少女時期，我就在這樣的環境中長大，是一個沒有安全感、沒有自信的人，到台北念書時，這些個人特質都伴隨著我，記得大學時，有個同學稱讚我漂亮，我猜應該沒人能想到，我內心竟是非常憤怒，覺得

是受到諷刺與嘲笑。

　　一直到與前任在一起後，外貌的自卑才漸漸地改善，是的，這個前任就是陪我再看一次《穿著 prada 的惡魔》的那一位前任，我們在一起十年，前面四年的時間，他用了無窮盡的耐心陪伴我面對自身沒有自信和安全感的問題。

　　「沒有安全感」這件事在剛開始交往時就現出端倪，我會害怕找不到他、覺得自己何德何能跟帥氣的他在一起！為了治好我沒有安全感這件事，沒有手機的年代，他天天耐心地撥著很難撥通的宿舍電話，每天跟我說話，每天跟我報告他做了什麼或將要做什麼，如果臨時找不到他，他是在哪裡做了什麼，每天的通話，他也都會告訴我：「妳很漂亮！」其實我沒有告訴他從小被嫌醜的事情，但是貼心敏銳的他，當時應該感覺到我對外貌的自卑，所以總不忘常常稱讚我。

　　進入職場後，因為當了 Prada 惡魔的秘書，我的外型轉變再進入另一個層次，就是衣著的改變，是的，適當的服飾穿搭，真的可以改變一個人的外貌與氣質，從那時起，我常常收到稱讚，雖然我心裡不會特別高興別人的稱讚，只能說那樣的稱讚只剛好夠與從小到大的自卑互相抵消，即便到了今日今時，我不會因為被稱讚外表而特別的開心，大多時候內心都是平靜的！

　　母親因為生病而離開已經四年了，我還是沒有去整形自己的鼻子，不想在臉上大肆動刀，最需要的保養是臉上斑點的去除，這成為我每年的重點保養。

　　一個女生該如何維持自己的外貌，或甚至因為外貌而有自信，這其實是很私人的事，不需要特別跟誰交代，因為愛自己、愛自己的哪一方面，在哪方面便有動力做自己認為需要的行動！身材發胖，那就減肥、皮膚很差，想求快的話現代科技可以幫助妳、不滿意自己的嘴巴，打玻尿酸是妳的決定，任何時候，如果一個人做了什麼會變得快樂且自信，只要不違背道德與健康的標準，你還是你，差別只是漂亮或更漂亮，甚至是無敵漂亮！

　　每個女孩都是美麗的，我的價值觀中，總是追求著只要內心純美良善，就已經贏在「漂亮」的起跑點了！至於那些說嘴的，只是證明他們嘴臉與心地的醜陋！何須在意這樣醜惡的人呢？！我們的外貌由生活決定，我們的生活由內在決定，我們的內在，則來自於深處的渴望化為行動來完整自己！

結語

Good Day Every Day.

　　我不想把這本書寫得像心靈雞湯，也不希望你當作心靈雞湯來讀它，這只是一個普遍大眾會遇到的普通情況，像多數人一樣的生活！雖然我的工作有一大半要面對公眾，但我還是普通、平凡地如你一樣！

　　光是料理食譜，只要你做了，那就已經是一種對自己某種程度的療癒！**在心理健康而言，我不是一個時時自信、樂觀、勇敢的人，我跟多數有憂鬱症狀的人一樣，有倒下、會哭泣、很沮喪的時候，請靜心看待你自己，這些都是你可以產生的情緒，你可以有一時的被挫折擊倒、躺在地上的時間，但是，能讓自己起身的大部分力量都源於你自己的努力！**

　　躺夠了的時候，睜開眼睛看一看、想一想，如果可以的話，不論要靠

自己、或是倚賴別人，請試著站起來，能走一步那就算一步吧！能往前走一段，就走一段吧！不要著急或認為一定要進步很多，只要今天比昨天好一點點，哪怕只有一分鐘，那也能算是你的努力！

一個心靈強大的人，不止幫助自己，還能讓自己的力量感動或帶動身邊的人也跟著強大，但不論可不可以讓身邊的人跟你一樣強大，只要你的心有正向的振動頻率，一定可以渲染別人！

或者，那些你都不需要，你只要幫助自己就可以了！即便我們心中的垃圾會在無形中堆積，但只要我們有覺察、改變自己的能力，那麼，至少，你的心靈會帶動你的生活，不會一直生活在情緒的垃圾堆中！

我深刻體會從低谷中奮力攀爬有多辛苦，累的話，請給自己緩一緩的時間，只要記得，外面有許多許多跟我們一樣的人存在，就算一點一點地往上攀，終會讓太陽照到自己的。

致努力過好每一天的自己
在四季中自我療癒——手札日和

作　　者—郭靜黛 Joyce
攝　　影—李一木
妝髮造型—楊心慧

責任編輯—周湘琦
封面設計—點點設計 × 楊雅期
內頁設計—點點設計 × 楊雅期
副總編輯—呂增娣
總 編 輯—周湘琦

致努力過好每一天的自己 在四季中自我療
癒：手札日和 / 郭靜黛(Joyce) 著. -- 初版. --
臺北市：時報文化出版企業股份有限公司，
2024.10
　面；　公分
ISBN 978-626-396-901-8(平裝)

1.CST: 自我實現 2.CST: 人生哲學

177.2　　　　　　　　　　　113015271

董 事 長—趙政岷
出 版 者—時報文化出版企業股份有限公司
　　　　　108019 台北市和平西路三段 240 號 2 樓
　　　　　發行專線—（02）2306-6842
　　　　　讀者服務專線—0800-231-705、（02）2304-7103
　　　　　讀者服務傳真—（02）2304-6858
　　　　　郵撥— 19344724 時報文化出版公司
　　　　　信箱— 10899 台北華江橋郵局第 99 信箱
時報悅讀網— http://www.readingtimes.com.tw
電子郵件信箱— books@readingtimes.com.tw
時報出版風格線臉書— https://www.facebook.com/bookstyle2014
法律顧問—理律法律事務所　陳長文律師、李念祖律師
印　　刷—華展印刷有限公司
初版一刷— 2024 年 10 月 25 日
定　　價—新台幣 480 元